Dr. Gustav Schoser

Erfolgreich gärtnern mit
Frühbeet und Folie

Vom gleichen Autor sind im Falken-Verlag erschienen:
„Orchideen" (Nr. 4215);
„Orchideen – Lebensraum, Kultur, Anzucht und Pflege" (Nr. 4231);
„Zimmerbäume, Palmen und andere Blattpflanzen" (Nr. 5111);
„Gärtner Gustavs Gartenkalender" (Nr. 4155).

CIP-Kurztitelaufnahme der Deutschen Bibliothek

Schoser, Gustav:
Erfolgreich gärtnern mit Frühbeet und Folie / Gustav Schoser.
– Niedernhausen/Ts.: Falken-Verlag, 1987.
(Falken-Bücherei)
ISBN 3-8068-0828-7

ISBN 3 8068 0828 7

© 1987 by Falken-Verlag GmbH, 6272 Niedernhausen/Ts.
Titelbild: Ewald Dörken AG, Herdecke/Ruhr
Fotos: Archiv, Falken-Verlag GmbH, Niedernhausen (Rolf Blaich, Ilbesheim): 72 o. r., 75,
76, 81; Gerhard Bambach, Geisenheim: 18 o. l.; Ing. G. Beckmann KG, Wangen im Allgäu:
18 u. r., 20, 35, 53 o., 53 u.; Burda GmbH „Mein schöner Garten" (W), Offenburg: 54 o. l.;
Ewald Dörken AG, Herdecke/Ruhr: 7, 17 o. l., 36 o. l., 36 o. r., 36 M. r., 50, 59, 71, o. l.,
71 o. r.; Wolf Engel, Gewächshausbau, Rohrbach/Ilm: 22, 42; Ingrid Gabriel, Wiesbaden-
Naurod: 17 o. r., 18 o. r., 18 u. l., 36 M. l., 36 u. l., 36 u. r., 63, 71 u. l., 71 u. r., 72 o. l.; Fa. Krieger,
Gewächshäuser, Wintergärten, Herdecke/Ruhr: 39, 54 o. r., 72 u.; (Werkfoto Röhm
GmbH, Darmstadt): 17 u.: Mewaplast, Imst/Tirol: 19, 23 u., 24, 33; Georg Mez
GmbH & Co. KG, Reutlingen: 16; W. Neudorff GmbH KG, Chemische Fabrik, Emmthal:
21, 54 u.; Karl Richter, Frühbeetfenster, München: 32 u.; Erich Schumm GmbH, Murr-
hardt: 43, 61; Wilhelm Terlinden GmbH & Co. KG, Xanten: 46; VOROKA-Kunststoff-
Verarbeitung, Willi Völke, Eppingen-Mühlbach: 23 o.
Zeichnungen: Archiv, Falken-Verlag GmbH, Niedernhausen: 66; Ingrid Gabriel, Wiesba-
den-Naurod: 45, 56, 57; Gabriele Hampel, Kelkheim: 15, 26, 29, 30, 32 M. r., 34, 40, 44,
47, 52, 64, 73.
Die Ratschläge in diesem Buch sind von Autor und Verlag sorgfältig erwogen und
geprüft, dennoch kann eine Garantie nicht übernommen werden. Eine Haftung des
Autors bzw. des Verlages und seiner Beauftragten für Personen-, Sach- und
Vermögensschäden ist ausgeschlossen.
Satz: LibroSatz, Kriftel bei Frankfurt
Druck und Bindung: H. G. Gachet & Co., Langen

817 2635 4453 6271

Inhalt

Einleitung

Immer wieder erfahren wir, wie kurz uns der Sommer erscheint und wie lange der Winter in unseren Breiten dauert. Im April, in höheren Lagen erst Anfang bis Mitte Mai, brechen die Knospen der Bäume und Sträucher, die Blätter entfalten sich. Wenn im Herbst die Tag- und Nachtgleiche überschritten ist, geht es mit der Pflanzenpracht sehr schnell bergab. Kühle Nächte leiten den Laubfall ein. Spätestens Ende Oktober stehen die sommergrünen Gehölze kahl da. Die krautigen Pflanzen haben es in diesem kurzen Sommer noch schwerer. Sie überdauern in unterirdischem Wurzel- oder Knollenwerk, in oberirdischen Blattbüscheln oder nur in der Dauerform der Samen.

Diese kurzen Wachstumszeiten zu verlängern, ist ein altes Anliegen der Menschen. Das hängt mit der Kultur der Menschheit im eigentlichen Sinne zusammen. Das zufällige Auffinden von Nahrung konnte ihnen schon vor 10 Jahrtausenden nicht mehr genügen. Sie lernten säen und ernteten Samen, um Zeiten der Not zu überbrücken. Sie sorgten vor, indem ein Teil der Ernte als Saatgut verwahrt wurde. Und nach der Zeit des Säens, des Wachsens und des Reifens brachten die Pflanzen wieder neue Früchte. Diese Sorge um die Früchte der Ernte hat die Menschen und Völker zu allen Zeiten bewegt.

Am Ende unseres Jahrtausends gibt es keine großen weißen Flecken auf dieser Erde mehr. Die Menschen sind mehr oder weniger fest an ihre Siedlungsgebiete gebunden. Die Flächen, die sie bewohnen, müssen ihnen auch die Nahrung schaffen. Nur wenige Gebiete der Erde schenken den Menschen paradiesische Gefilde. Die meisten müssen entweder mit dem Wassermangel fertig werden oder erhalten zu wenig Licht und Wärme für ein stetes Pflanzenwachstum. Selbst die Anpassung, Auswahl und Züchtung von geeigneten Nahrungspflanzen kann die Umwelt nicht so überlisten, daß äußere Einflüsse keine Rolle mehr auf das Pflanzenwachstum spielen. Wir haben und werden es aber auch noch nicht fertigbringen, von Nahrung und Umwelt völlig unabhängig zu sein. Und die Pflanzen benötigen geeignete Lebensbedingungen, die sehr eng begrenzt sind.

Das Licht – die Strahlung der Sonne – ist eine wichtige Voraussetzung für das Leben der Pflanzen. Diese Strahlung liefert auch die nötige Wärme und Energie, damit Lebensvorgänge ablaufen und Pflanzen neue Stoffe erzeugen können.

Andere, nicht weniger wichtige Voraussetzungen sind die Luft, das Wasser, der Erdboden und anderes mehr. Und nur ein harmonisches Zusammenspiel dieser Naturkräfte schafft die Voraussetzungen für das Leben der Pflanzen auf dieser Erde. Mit unseren Erkenntnissen und den geschaffenen Hilfsmitteln können wir auf kleinem Raum die Voraussetzungen für das Pflanzenleben zu allen Zeiten schaffen. Es ist nur die Frage, ob das einen Sinn hat und ob sich das lohnt.

Alte Erfahrungen und heutige Erkenntnisse ermöglichen uns zu entscheiden, ob wir Pflanzen zu allen Jahreszeiten verfügbar haben wollen oder nicht. Der Einsatz der Hilfsmittel wird also bestimmen, inwieweit wir ein gestecktes Ziel erreichen oder nicht. Geringe oder unzulängliche Verwendung von Hilfsmitteln fördert nur in geringem Maße das Pflanzenwachstum. Ein hoher Einsatz an Mitteln wird fast alle Wünsche in Erfüllung gehen lassen. Man muß sich aber immer wieder fragen, ob der Aufwand sich lohnt.

Das Gartenjahr kann man mit einer Kunststoffolie oder einem Kunststoffvlies verlängern. Mit einem hochtechnisierten Gewächshaus ist es möglich, das ganze Jahr zu gärtnern. Was man mit diesen modernen Hilfsmitteln alles machen kann und was sinnvoll erscheint, soll in diesem Buch dargestellt werden.

Die Pflanzen in ihrer Umwelt

Pflanzen haben – wie auch andere Lebewesen – bestimmte Fähigkeiten. Sie vererben sie von den „Eltern" auf die „Kinder". Diese „inneren", genetischen Merkmale können wir nur bedingt beeinflussen oder verändern. Damit beschäftigen sich die Züchter.

Aber auch „äußere" Bedingungen wirken auf die Pflanzen ein und bestimmen den Ablauf des Pflanzenlebens. Diese äußeren Faktoren aus der Umgebung der Pflanzen sind für uns leichter zu erfassen, zu beurteilen und zu steuern als die inneren, arteigenen Festlegungen. In begrenzten Räumen können wir die Umwelt der Pflanzen so verändern, daß sie für längere Zeit oder dauernd die Wachstumsbedingungen erhalten, die sie für den Entwicklungsablauf benötigen. Solche „Außenbedingungen" sind Licht, Wärme, Temperatur, die Boden- und Luftfeuchte, die Zusammensetzung des Bodens und der Luft und anderes mehr.

Wir können also mit den technischen Hilfsmitteln, wie Folie, Folientunnel, Frühbeet oder Gewächshaus, für die Pflanzen die Umwelt schaffen, die sie für ihre Entwicklung benötigen.

Das Wetter

Das Wetter der Jahreszeiten entsteht durch die unterschiedlichen Tag- und Nachtlängen. Diese wiederum hängen vom ungleichen Umlauf der Erde um die Sonne ab. Die Erdachse ist gegenüber der Erdbahnebene um 22,5° geneigt. Im Winter der Nordhalbkugel, das heißt an den kurzen Tagen, ist der Nordpol von der Sonne weggeneigt, also in Sonnenferne. Auf der Südhalbkugel sind die Jahreszeiten genau umgekehrt, das bedeutet, dort ist es zu dieser Zeit Sommer. Der Südpol ist der Sonne zugeneigt.

Die im Laufe des Jahres unterschiedliche Stellung der Sonne zur Erde bedingt je nach Jahreszeit die sich verändernde Sonnenhöhe am Mittag. Der Einfallswinkel des Sonnenstandes verändert sich zwischen Mittsommer und Mittwinter um 47°. Das bedeutet, daß die Sonnenstrahlen im Sommer bei uns viel steiler auf die Erde fallen als im Winter. Sie müssen dann eine weniger dicke Luftschicht erwärmen. Je länger der längste Sommertag und je steiler der Einfallswinkel der Sonnenstrahlung ist, desto größer ist der Unterschied zwischen Sommer- und Wintertemperaturen. Mit zunehmendem Breitengrad nimmt auch die Länge des längsten Tages zu.

Das Wetter wechselt an einem Ort stündlich und täglich. Es spielt im Tages- und Jahreslauf des Liebhabergärtners eine zentrale Rolle. Er muß sich nicht nur nach dem Wetter richten, sondern auch auf Veränderungen eingehen und vorsorgen gegen das, was er nur erahnen kann.

Indirekte Schlüsse auf den Wetterverlauf kann der Gärtner aus dem Verhalten des Luftdruckes (steigend oder fallend) schließen. Andere Anzeichen für das Wettergeschehen sind die Wolkenbildung, die Windrichtung und -geschwindigkeit. Große Bedeutung haben die Sonneneinstrahlung und die -scheindauer.

Die Strahlung fällt vom Sonnenaufgang bis zum Sonnenuntergang auf die Erde. Die

Temperatur, die sich aus dieser Einstrahlung ergibt, steigt beziehungsweise fällt den Tag über nicht gleichmäßig. Sie erreicht ein bis zwei Stunden nach dem höchsten Sonnenstand (Mittag) ihre Höchstwerte. Trotz gleich hohen Sonnenstandes um 9 und um 15 Uhr ist einmal die Temperatur steigend, das andere Mal fallend. Morgens wird ständig mehr Energie zugeführt als abgegeben, deshalb steigt die Temperatur an. Da bei höherer Bodentemperatur mehr Wärme abgegeben wird, fällt am Nachmittag die Luft- und Bodentemperatur, es kühlt sich ab. Die Abkühlung setzt sich am Abend und in der Nacht fort und erreicht ihren Tiefpunkt bei Sonnenaufgang. Ist der Himmel bedeckt, sind Ein- und Abstrahlung bedeutend vermindert, der Tages-Nacht-Gang der Temperatur ist ausgeglichen.

Der Feuchtegehalt der Luft folgt dem Temperaturverlauf. Am Mittag ist er am niedrigsten, in der Nacht am höchsten.

Das Wettergeschehen ist durch den Kreislauf des Wassers gekennzeichnet. Die bekanntesten Wettererscheinungen sind Wolken, Regen, Schnee und Nebel. Sie entstehen, wenn sich Wasserdampf in der Luft zu flüssigem oder festem Niederschlag verdichtet. Obwohl der Wasserdampf nur einen geringen Anteil an den Luftmassen besitzt, ist er von großer Bedeutung. Er entsteht dadurch, daß die Oberfläche verschiedenster Dinge Wasser verdunstet.

Je nach Art der Abkühlung und Verdichtung des Wasserdampfes entstehen die genannten Niederschläge. Fast alles verdunstete Wasser kehrt zur Erde zurück, versickert im Boden oder fließt den Meeren zu. Das ist der Kreislauf des Wassers. Für den Gärtner sind die jährlichen Niederschlagsmengen, die Anzahl der Niederschlagstage, das Jahresmittel der Temperatur, die heißen Tage über 30 °C, die Frosttage mit gelegentlichen Temperaturen unter Null und die Eistage mit Temperaturen ständig unter Null wichtig.

Unser Land ist klimatisch kein einheitlicher Raum. Es gehört zur kühlen gemäßigten Zone. Den Gesamtraum kann man in vier Gebiete mit abweichender Januar-Mitteltemperatur einteilen. Der Bereich A hat ein Januarmittel unter −2 °C, B zwischen −2 und 0 °C, der Bereich C zwischen 0 und 1 °C und D über 1 °C.

Für den Frühbeet- und Kleingewächshausgärtner sind die winterlichen Temperaturen, besonders die Tiefsttemperaturen, von großer Bedeutung. Frühbeet und Gewächshaus ermöglichen es, diese klimatischen Nachteile zu überwinden. Wichtig ist aber auch, daß das Mikroklima im Garten oder am Haus geschickt genutzt wird, um in den Wintermonaten Energie zu sparen.

Licht und Temperatur

Ohne Licht gibt es kein Leben auf der Erde, denn die grünen Pflanzen sind auf das Licht angewiesen. Das Licht liefert ihnen die Energie zum Leben.

Unter Licht verstehen wir die mit unserem Auge wahrnehmbare elektromagnetische Strahlung der Sonne. Wir sehen das „weiße", sichtbare Licht. Wird das weiße Licht zerlegt, etwa durch ein Glasprisma oder in der Erscheinung des Regenbogens, dann erkennt man Farben von Violett, Blau, Blaugrün, Grün, Gelb, Orange, Hellrot bis Dunkelrot. Diese Zerlegung ist deswegen möglich, weil die verschiedenen Farben eine unterschiedliche Wellenlänge haben. Schickt man die Strahlung durch ein Prisma, bricht das weiße Licht je nach Wellenlänge unterschiedlich an der Prismaoberfläche. Dadurch erhält man eine Aufspaltung. Fängt man diese aufgespaltenen Wellenlängen mit einem weißen Schirm auf, zeichnet sich ein Lichtband mit den obengenannten Farben ab. Dieses Farblichtband setzt sich nach beiden Seiten fort. Nach der einen ins Ultraviolett und nach der anderen ins Infrarot. Das ultraviolette Licht (UV) erfahren wir beim Sonnenbrand unserer Haut, das Infrarot empfinden wir als Wärme. Die sichtbare Strahlung, das Licht, hat eine Wellenlänge zwischen 380 (Blau) und 740 (Dunkelrot) nm (nm = Nanometer; 1 nm = 10^{-9} m). Diese Strahlung können grüne Pflanzen mittels sogenannter Farbkörper, der Chloroplasten (Blattgrünkörper), aufnehmen und in chemische Energie (Zucker) umwandeln.

Die Lichtstrahlung verändert sich je nach Ort und Jahreszeit in ihrer Stärke und Zusammensetzung. Die Beleuchtungsstärke wird in Lux (lx) gemessen. Diese Größe ist für Wachstum und Gedeihen unserer Pflanzen sehr wichtig. Im Winter ist die Beleuchtungsstärke niedriger als im Sommer, daher können die meisten Gewächse nicht mehr so viel chemische Energie (Zucker) bilden und wachsen sehr viel langsamer oder vergeilen infolge vom jahreszeitlich bedingten Lichtmangel.
Die Sonnenstrahlung wirkt mit bei der Umwandlung anorganischer Verbindungen in organische, einem der wichtigsten Vorgänge auf der Erde. Aus Wasser und Kohlendioxyd wird in der grünen Pflanze mit Hilfe des Blattgrüns (Chlorophylls) Zucker (Kohlenhydrat) und Sauerstoff gebildet. Dieser Vorgang heißt Photosynthese und hat folgende Gleichung:

$$6\ CO_2 \quad + 12\ H_2O \quad \xrightarrow[+\ 673\ kcal]{Licht} \quad C_6H_{12}O_6 \quad + 6\ H_2O \ + 6\ O_2$$

$$\text{Kohlendioxyd + Wasser} \longrightarrow \text{Kohlenhydrat + Wasser + Sauerstoff}$$

In der Nacht läuft in den Pflanzen ein umgekehrter Vorgang ab. Gespeicherte Energie wird umgewandelt beziehungsweise abgebaut. Man nennt diesen Vorgang Atmung:

$$C_6H_{12}O_6 \quad + 6\ O_2 \quad \xrightarrow[-673\ kcal]{Dunkelheit} 6\ CO_2 \quad + 6\ H_2O$$

$$\text{Kohlenhydrat + Sauerstoff} \longrightarrow \text{Kohlendioxyd + Wasser}$$

Daran ist der Kreislauf von Stoffen zu erkennen, in den Kohlendioxyd, Sauerstoff, Wasser und Kohlenhydrate einbezogen sind. Der Energielieferant ist die Sonnenstrahlung. Der verbleibende Rest aus Photosynthese minus Atmung ist der Ertrag oder Gewinn der Pflanze.
In der Natur ist Licht und Strahlung eng mit

Wärme gekoppelt. Wärme ist die langwellige Strahlung des elektromagnetischen Spektrums. Der Durchgang von Strahlung durch Folie oder Glas, wie das bei einem Frühbeet oder Gewächshaus der Fall ist, verwandelt Licht in Wärme. Das ist der sogenannte „Glashauseffekt", der uns ebenso nützlich sein kann, wie er uns auch sehr zu schaffen machen kann. Im Frühbeet und Gewächshaus wird es zwar bei Sonneneinstrahlung schneller warm, aber bei längerer Dauer auch zu heiß.

Man kann die für die Pflanzen richtigen Temperaturen teilweise – wenigstens für die zu kalten Stunden – durch Folien, Vliese, Frühbeete und Gewächshäuser erreichen. Wir wissen jedoch über den genauen Wärmebedarf bei den meisten Kulturpflanzen noch sehr wenig. Gelegentlich stellen wir fest, daß tropische Pflanzen bei relativ hohen Temperaturen (um +10 °C) schon gefährdet sind.

Pflanzen oder Pflanzenteile haben die Fähigkeit, den Gefrierpunkt des Zellwassers durch verschiedene Mechanismen zu erniedrigen. Sinkt die Temperatur jedoch so tief, daß diese Vorgänge nicht mehr ausreichen, sprengt die Eisbildung den Zellkörper samt Inhalt. Die Zelle ist tot und nach und nach stirbt die gesamte Pflanze ab.

Wasser und Feuchtigkeit

Pflanzen bestehen zu rund 90% aus Wasser. Dieses ist für sie lebenswichtiger Bestandteil, ist Lösungs- und Beförderungsmittel für Stoffe aller Art, zum Beispiel für Nährelemente.

Die Pflanze nimmt das Wasser meist mit Hilfe der Wurzeln aus dem Boden auf. Das während der Atmung abgegebene Wasser (siehe S. 10) wird über die Spaltöffnungen, die überwiegend auf der Blattunterseite zu finden sind, in den Luftraum ausgeschieden. Diesen Vorgang nennt man Transpiration. Durch diese Wasserabgabe kann die umgebende Lufttemperatur um 6–8 °C sinken. Die Luft nimmt nämlich den Wasserdampf auf und kühlt sich dabei ab. Mit der Transpiration kühlt sich auch die Pflanze ab.

Zwischen Wurzelsystem und Blattbereich muß ein ausgewogenes, gewachsenes Verhältnis sein. Dies gewährt einer Pflanze gute Lebensvoraussetzungen. Darauf muß besonders beim Umtopfen von den Gewächsen geachtet werden. Wird die Wurzelmasse stark vermindert, müssen auch die oberirdischen Teile zurückgenommen werden, damit ein gutes Pflanzenwachstum gewährleistet ist.

Auch die Luftfeuchte ist ein wichtiger Faktor. Man unterscheidet die absolute und die relative Luftfeuchtigkeit. Die absolute Luftfeuchte gibt den Wassergehalt der Luft in Gramm je Kubikmeter (g/m^3) an. Die relative Feuchte (r. F.) ist von der Lufttemperatur abhängig und wird in % gemessen (r. F. = 0–100%).

Werden die Pflanzen einer zu hohen Luftfeuchte ausgesetzt, dann ist die Atmung und die Wasserdampfabgabe erschwert, auch der Gasaustausch ist gehemmt. Außerdem bekommen sie dünne Blätter, lange Sproßteile, weniger behaarte Blätter und größere Blattflächen.

Ist die relative Luftfeuchte lange Zeit zu niedrig, leiden die Pflanzen unter „Dampfhunger". Kann die Pflanze kein Wasser aus dem Boden aufnehmen, dann hat sie ein Sättigungsdefizit, sie erschlafft, weil sie mehr Wasser abgibt, als sie aufnehmen kann.

Die Luft

Der Luftraum und dessen Zusammensetzung sind für die Pflanze lebenswichtig. Die Bedeutung des Wasserdampfgehaltes der Luft macht dies deutlich.

Der Hauptbestandteil der Luft ist der Stickstoff mit rund 78% Anteil. Stickstoff ist ein Pflanzennährstoff, kann jedoch von den Gewächsen in gasförmigem Zustand nicht aufgenommen werden. Daneben enthält die Luft 21% Sauerstoff und ungefähr 0.03% Kohlendioxyd. Auch diese beiden Bestandteile sind für das Pflanzenwachstum unerläßlich.

Leider schwankt der CO_2-Gehalt der Luft beträchtlich. Wenn der Wert von 0.03% nicht erreicht wird, „hungert" die Pflanze. Das natürliche CO_2 stammt aus Verbrennungsvorgängen, an denen der Kohlenstoff beteiligt ist, zum Beispiel bei der Verbrennung von Kohle.

Hat man ausreichend Licht, Wärme und Sauerstoff im Gewächshaus, dann kann der CO_2-Gehalt erhöht werden. Im Erwerbsgartenbau wird dies oft praktiziert. Mit Hilfe von verschiedenen Geräten optimiert man den Kohlensäuregehalt der Luft. Durch diese gasförmige Düngung kann die Pflanze mehr Kohlenhydrate aufbauen und wächst daher besser und schneller (siehe auch S. 10). Allerdings muß in jedem Fall ausreichend Licht, Wärme und Sauerstoff vorhanden sein, sonst erzielt man den umgekehrten Effekt.

In einem Kleingewächshaus spielt die Düngung mit Kohlenstoff so gut wie keine Rolle. Der Aufwand dafür rentiert sich für den Hobbygärtner nicht.

Manchmal wird empfohlen, einige Kerzen abzubrennen, um einen höheren CO_2-Gehalt der Luft zu erreichen. Das ist natürlich grundsätzlich möglich. Aber auch bei dieser Maßnahme ist es fraglich, ob sie sich im Endeffekt lohnt.

Im Frühbeet – mit Mist gepackt – liefert die natürliche Zersetzung genügend Kohlensäuregas.

Zuviel CO_2 erzeugt Riesenwachstum in Form von Blattkräuselung. Die Assimilate können dann nicht mehr abtransportiert und gespeichert werden.

Hat die Pflanze zuwenig CO_2 zur Verfügung, kann sie günstige Licht- und Temperaturverhältnisse nicht optimal ausnutzen. Es werden weniger Assimilate gebildet, der Zuwachs ist geringer. Die Ausbildung von Blüten und das Reifen der Früchte wird durch den Mangel an Kohlenhydraten, die die nötige Energie liefern, beeinträchtigt.

Boden, Pflanzenerde und Ernährung

Der Boden, die Pflanzenerde oder das Substrat dienen der Pflanze als Nahrungsquelle und zur Verankerung. Der Boden besteht aus festen, flüssigen und gasförmigen Anteilen. Er besitzt Hohlräume, in denen sich Luft und in Wasser gelöste Nährstoffe befinden. Die mineralischen Bestandteile des Bodens sind zum Beispiel Sand und Lehm. Ein anderer ist Humus, der organische Anteil aus verrotteten tierischen und pflanzlichen Bestandteilen.

Für Pflanzenerden eignen sich feinkörnige Gemische aus Sand, Lehm und Humus. Der Sandanteil ist gut für die Belüftung und den Wasserabfluß. Lehm enthält viele Nährelemente und erhält die Stabilität.

Viele Nährstoffe, die den Pflanzen leicht zugängig sind, besitzt Humus. Erde, die einen hohen Humusanteil aufweist, ist krümeliger, hat also eine bessere Struktur, hält mehr Wasser und besitzt mehr Bodenleben. Durch seine dunklere Farbe erwärmt sich der Boden schneller, was den Pflanzen und den Mikroorganismen zugute kommt.

Humus entsteht durch die Verrottung von Pflanzenteilen. Kompost besitzt einen hohen Humusanteil und ist leicht basisch. Er hat einen positiven Einfluß auf die Kulturerde.

Vielfach verwendet man heute Torf als organischen Anteil. Topf reagiert allerdings sauer. Er wird daher mit Ton und Kalk angereichert, um dem entgegenzuwirken. Dadurch ist er pflanzenverträglicher.

Der Anteil der Feinerde sollte im Beet wenigstens 30% sein, im Torf bis 100%. Die Erde sollte man gelegentlich untersuchen. Dafür gibt es kleine Untersuchungsbestecke, mit denen man den Nährstoffgehalt und den pH-Wert testen kann. Neben der Bodenstruktur ist die Bodenreaktion wichtig, das heißt, ist der Boden sauer, neutral oder basisch. Auskunft darüber gibt uns der pH-Wert.

Die pH-Messung kann man mit Farbteststreifen, dem sogenannten Indikatorpapier, selbst durchführen. Man erhält diese Streifen in den Fachgeschäften.

Durch Zufügen von Dünger kann die Bodenreaktion, also der pH-Wert, verändert werden. Dadurch ist es möglich, den Pflanzen günstigere Bedingungen zu bieten, allerdings ist die Kenntnis des optimalen pH-Wertes für die spezielle Pflanzenkultur von sehr großer Bedeutung. So lieben beispielsweise Azaleen einen pH-Wert zwischen 3,5 und 4,5, viele Gemüsearten verlangen einen höheren.

Es ist noch nicht so lange her, daß wir einigermaßen genau wissen, welche Elemente und welche Verbindungen die Pflanze für ihre Ernährung benötigt. Die zehn wichtigsten Nährelemente, die Haupt- oder Makronährstoffe, die für das Wachstum und die Entwicklung der Pflanzen unentbehrlich sind, sind Kohlenstoff (C), Wasserstoff (H), Sauerstoff (O), Stickstoff (N), Phosphor (P), Kalium (K), Kalzium (Ca), Schwefel (S), Magnesium (Mg) und Eisen (Fe). Aber diese reichen nicht aus. In geringen Mengen werden auch die Spuren- oder Mikroelemente benötigt. Dazu gehören Bor (B), Mangan (Mn), Molybdän (Mo), Zink (Zn), Kupfer (Cu) und Cobalt (Co). „Nützlich" oder „schädlich" sind je nach der Konzentration Natrium (Na), Chlor (Cl), Silizium (Si) und Aluminium (Al).

Sichere Kulturerfolge erzielt man nur mit ausgeglichener, harmonischer Düngung. Dazu muß man wissen, wie groß der Bedarf der Pflanzen an den Nährstoffen ist. Sehr wichtig ist das Mengenverhältnis der Hauptdüngeelemente Stickstoff, Phosphor und Kali, welches nicht für alle Pflanzen gleich ist.

Das Pflanzenalter spielt eine Rolle. So benötigen die jungen Sämlinge eine niedrigere Nährstoffkonzentration als ältere Pflanzen. Dem tragen auch die Hersteller der Bodensubstrate Rechnung. Sie bieten Erden mit niedrigem Nährstoffgehalt an, wie TKS 1 oder Einheitserde P (P = Pikieren), und mit höherem, wie TKS 2 oder Einheitserde T (T = Topfen).

Die Wirkung der Nährstoffe

Stickstoff (N) ist Bestandteil aller pflanzlichen Eiweißverbindungen, auch des Blattgrüns. N-Dünger wirken schnell, besonders bei Jungpflanzen. Überdüngung mit Stickstoff beeinträchtigt die Qualität der Kulturpflanzen. Außerdem verseucht überschüssiger N-Dünger das Grundwasser, da er von den Bodenpartikeln nur in geringem Maße festgehalten und deshalb leicht ins Grundwasser ausgewaschen wird. Phosphor (P) wird für die Bildung des Blattgrüns, der Wurzeln, Blüten, Früchte oder Knollen benötigt. Er wirkt gut in Verbindung mit Kali-, Kalk- oder Stickstoffdüngern. Kalium (K) unterstützt die Kohlenhydrat-(Zucker-)bildung und beeinflußt den Wasserhaushalt. Man muß Kalium stets im Zusammenhang mit Magnesium und Kalzium sehen. Ein ausgeglichenes Verhältnis der drei Elemente ist wichtig, denn sie sind Antagonisten (Gegenspieler) bei der Aufnahme durch die Pflanze. So kann eine sehr große Konzentration des einen eine Minderaufnahme eines der beiden anderen hervorrufen. Gedüngt wird mit Kaliumchlorid (KCl) oder Kaliumsulfat (K_2SO_4). Chloridfreie Düngesalze sind immer günstiger (Blaudünger sind chloridfrei). Zu starke K-Düngung kann die N- und Mg-Versorgung stören, es können Wurzel- und Blattschäden auftreten. Kalzium (Ca) ist der Gegenspieler zu Kalium. Es wirkt entquellend und ist ein wichtiger Baustoff. Oft bildet sich Kalziumoxalat (zum Beispiel in Rhabarber), das ist eine Entgiftungsreaktion der Pflanze. Der Mensch allerdings sollte diese Substanz nicht in größeren Mengen genießen, da sie für ihn schädlich ist.

Bei einer Überdüngung mit Kalk steigt der pH-Wert zu stark an, was zur Folge hat, daß viele Mikronährstoffe und auch Eisen festgelegt werden. Dadurch können Chlorosen (Blattbleichsucht) entstehen, die durch Eisenmangel verursacht sind. Auch der Mangel an Mn, B, Zn und Cu ist leicht zu erkennen. Durch Ca-Mangel wird das Wurzelwachstum gehemmt. Außerdem entwickelt sich das junge Gewebe unvollständig. Daher sieht man einen Mangel zuerst daran, daß die Triebspitzen abzusterben beginnen. Magnesium (Mg) ist unentbehrlich, es ist Bestandteil des Blattgrüns. Eisen (Fe) ist für die Assimilation und die Atmung notwendig. Fe-Mangel führt zu Chlorose (Aufhellen der Blätter). Die Ernährung der Pflanzen ist eine Wissenschaft für sich. Man gewinnt immer neue Erfahrungen. Richtige Ernährung ist für das Gedeihen der Pflanzen wichtig. Der Gärtner muß daher bemüht sein, für die Deckung des Nährstoffbedarfes der einzelnen Pflanzen eine optimale Konzentration und ein ausgewogenes Mengenverhältnis zu finden.

Möglichkeiten, das Gartenjahr zu verlängern

Ohne weitere Hilfsmittel dauert ein Gartenjahr je nach den klimatischen Bedingungen höchstens von Mitte März bis Mitte oder Ende Oktober.

Will der Gartenliebhaber die natürlichen Bedingungen für seine Pflanzenkulturen verlängern, hat er heutzutage die vielfältigsten Möglichkeiten. Das Ölpapier, das früher in den Nächten um die Eisheiligen (12.– 15. Mai) – dem Pankratius, dem Servatius, dem Bonifatius und der kalten Sophie – die Pflanzen vor Frost schützte, kann er getrost zugunsten von verschiedenartigen Kunststofffolien, -vliesen und -netzen, plastisch geformten Abdeckhauben oder Kunststoffgläsern vergessen. Auch allzu frühe Fröste in den Aufklarungsnächten des Spätsommers und Frühherbstes können mit diesen Hilfsmitteln gut von unseren Gartenschützlingen überstanden werden. Als Sofortmaßnahmen bei voraussichtlichen Nachtfrösten können unter gerin-

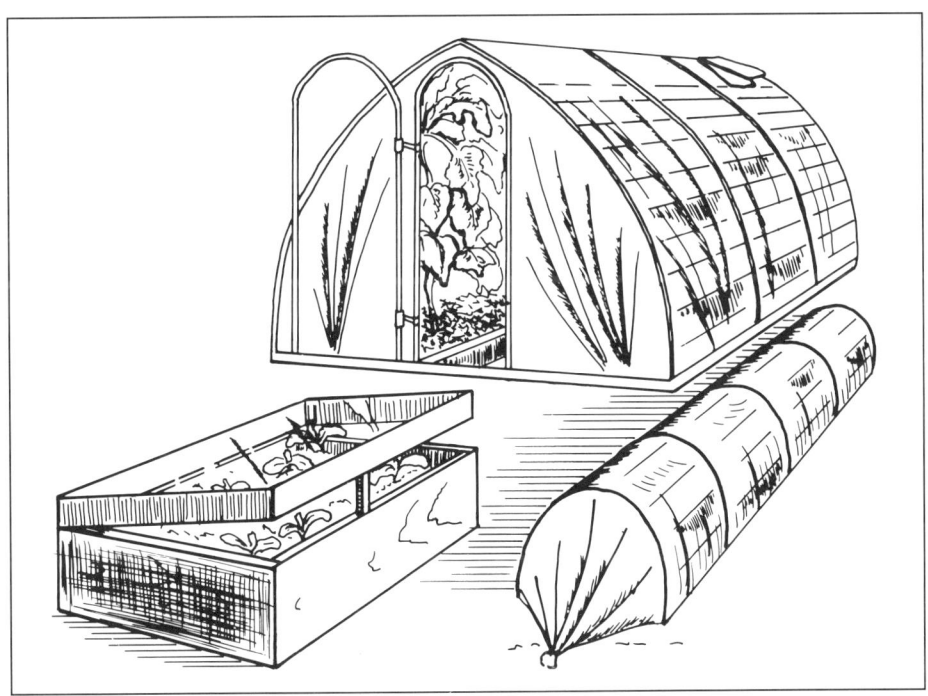

Hinten ist ein Kleingewächshaus (Hochglas), vorne sind Folientunnel und Frühbeet (Niederglas) abgebildet.

gem Arbeitsaufwand geschlitzte oder gelochte Folienschläuche oder zusammengeklammerte Bahnen aus Kunststoffvlies verwendet werden. Derartige Hilfsmittel müssen dann tagsüber nicht einmal abgenommen werden. Durch die Sonneneinstrahlung steigen zwar hinter der Einhüllung die Temperaturen wegen des Glashauseffektes an, aber es wird normalerweise nicht zu heiß für die Pflanzen.

Ein erfahrener und gar leidenschaftlicher Kleingärtner wird sich aber in der Regel nicht nur mit diesen Folien und Vliesen begnügen wollen. Er müßte im Frühjahr zu lange auf das erste eigene Gemüse aus dem Garten warten. Außerdem will er im Herbst die Ernte nicht mit den ersten leichten Nachtfrösten beenden.

Sehr oft sind die Wochen vor den Eisheiligen und nach den Erstfrösten im Frühherbst sehr wohl für die Pflanzenkultur geeignet, wenn man etwas nachhilft. Im Herbst ist es außerdem sehr unangenehm, wenn man plötzlich von einer Gemüseschwemme überrascht wird. Es ist dann genug zu tun, um die verschiedensten Obstarten nützlich zu verwerten. So ist wohl der Wunsch verständlich, möglichst lange Zeit im Jahreslauf gartenfrisches Gemüse ernten zu können. Ein Frühbeet zum Beispiel, das in irgendeiner Art und Weise beheizt werden kann, schafft sogar die Möglichkeit, das ganze Jahre frischen Salat, Rettich und Kohlrabi zu ernten.

Die früher einfache Entscheidung, ob man Pflanzen unter Niederglas (Frühbeet und Folien) ziehen möchte oder ob dafür Hochglas (Kleingewächshaus) erforderlich ist, kann heute schwierig sein. Seit etwa zehn Jahren sind die technischen Entwicklungen und Möglichkeiten auf diesem Gebiet so zahlreich und gleitend geworden, daß es nicht leicht fällt, einen eindeutigen Rat zu geben.

Das Frühbeet, ein niedriger Kulturraum

Das Frühbeet ist ein niedriger nach außen abgeschlossener Kulturraum für Pflanzen. In der Regel ist es ein Kastenrahmen, der auf der Erde steht oder nur wenig eingesenkt ist. Dieser ist entweder ortsfest oder transportabel. Letzterer wird Wanderkasten genannt.

Das Grundmaß ist 150 x 100 cm. Das entspricht den heute üblichen Fenstermaßen. Denn dieser Kasten wird oft mit Glasfen-

▶

Oben links: Kohl, Salat und Kohlrabi lassen sich hervorragend in Frühbeeten ziehen; oben rechts: Kürbisse in selbstgebauten Frühbeeten; unten: dieses Frühbeet mit automatischem Fensteröffner ist mit Geranien bepflanzt.

Frühbeet für den Hausgarten aus verzinktem Stahlblech mit manueller Lüftung und einer dreiteiligen Schiebeabdeckung

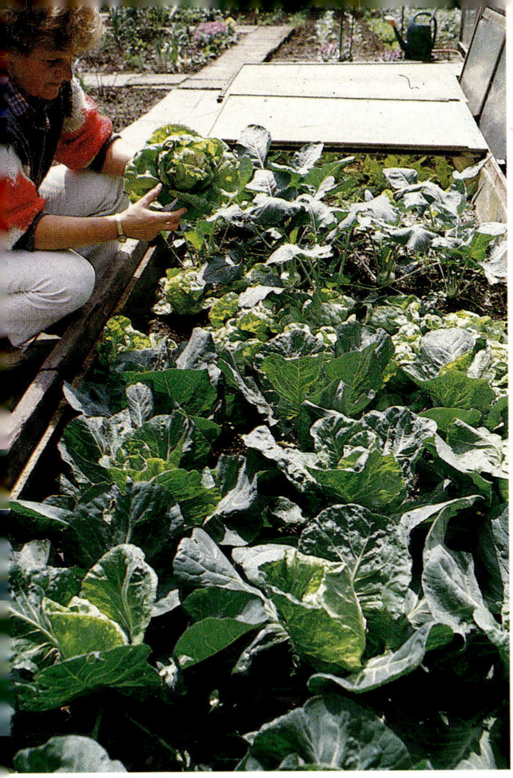
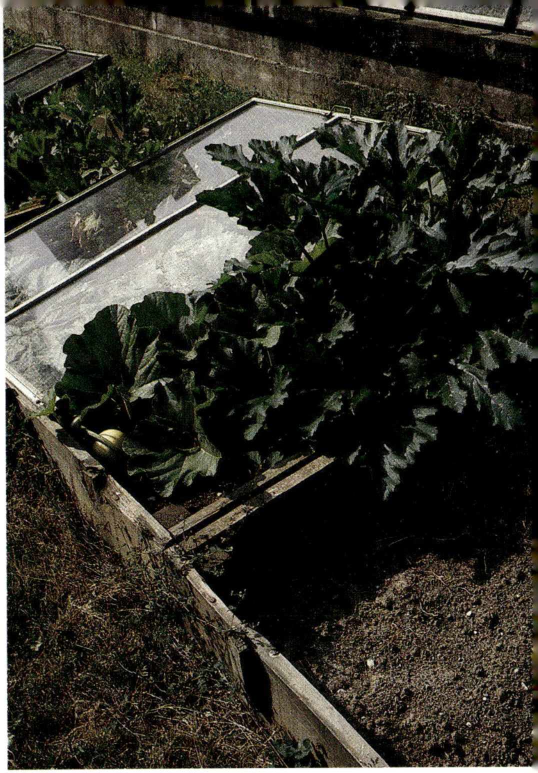
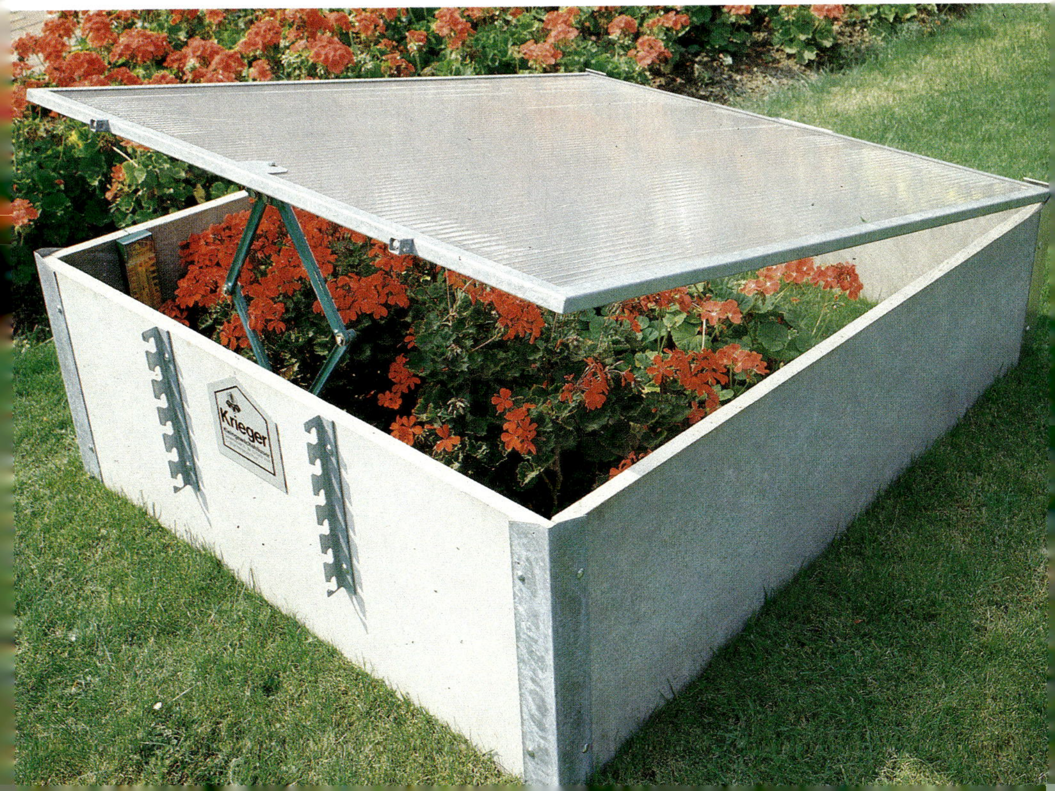
Krieger

stern in Holz-, verzinktem Eisen- oder Aluminiumrahmen abgedeckt.
Diese Einrichtung bezeichnet man als Mistbeet, wenn eine Mistpackung (meist Rinder- oder Pferdemist) in einer dicken Lage eingelegt und mit Kulturerde abgedeckt wird. Durch die Umsetzung, die sogenannte Fermentation, des Mistes durch Mikroorganismen entsteht Wärme. Es ist dies der warme Kasten, der kühle Außentemperaturen für einige Wochen von den Jungpflanzen abhält. Nimmt man zum „Packen" des Kastens Fallaub, entsteht eine geringere Wärmemenge. Man nennt dies einen lauwarmen oder kalten Kasten.
Heute bedient man sich zur Erwärmung eines Frühbeetes vielfach der regulierbaren Elektroheizung.

Folien und Vliese ersetzen das Frühbeet

Einfach zu montierendes Folientunnel, das die Pflanzen wirksam vor Witterungseinflüssen schützt.

◄
Oben links: Schlitzfolie, die mitwachsende Folie (siehe S. 40–41); oben rechts: Lochfolie schützt die jungen Keimlinge (siehe S. 41); unten links: schwarze Mulchfolie (siehe S. 41); unten rechts: diese schwarzen, mit Wasser gefüllten Schläuche (Beta Solar) können zwischen die Kulturen gelegt werden. Sie erwärmen sich durch die Sonneneinstrahlung und sind daher hervorragende Wärmespeicher (siehe S. 26 und 29).

Ein niedriger Kulturraum kann leicht durch Folien und Vliese hergestellt werden. Wir kennen Mulch-, Loch- und Schlitzfolien, Vliese und Folientunnel.
Die drei erstgenannten werden direkt über das Beet gelegt und an den Rändern befestigt.
Vliese (Kunststoffgespinste) sind leicht und luftdurchlässig. Auch sie werden direkt über dem Beet ausgebreitet.

Bei Folientunneln verhindern Drahtbügel das Aufliegen auf den Pflanzen. Sie sind meist transportabel und werden je nach Bedarf aufgestellt. All diese Einrichtungen können nur in Form von kalten Kästen eingesetzt werden. Man kann damit Pflanzen bis zu Außentemperaturen von −3 °C schützen.

Das Kleingewächshaus, ein hoher Kulturraum

Ein Kleingewächshaus ist ein abgeschlossener Raum zur Anzucht und Pflege von Pflanzen. Es ist begehbar, daher der Name Hochglas. Die Höhe eines Hochglasraumes ist in der Mitte wenigstens 180 cm, so hoch also, daß ein Mensch aufrecht darin stehen kann. Natürlich ist das nicht Bedingung. Aber um genügend Bewegungsraum für die Arbeit und Platz für höher wachsende Pflanzen zu haben, ist diese Höhe ratsam.

Das Gewächshaus kann mit technischen Hilfsmitteln wie Heizung und anderem ausgestattet werden, so daß es das ganze Jahr betrieben werden kann.

In der Regel werden die Kleingewächshäuser nach Temperaturbereichen in Warmhaus, Temperierthaus und Kalthaus sowie Überwinterungshaus eingeteilt.

Von der Bauform her gesehen kennen wir das Satteldachhaus, auch Giebelhaus genannt, und das Pultdachhaus, welches meist in der Form des Anlehnhauses (Anlehnung an eine Mauer) erstellt wird. Und schließlich findet man vereinzelt Rund- oder Zelthäuser, oft mit sechs- oder achteckigem Grundriß. Sie sehen sehr dekorativ aus, ihre Verwendbarkeit für die Pflanzenkultur ist in vielen Fällen wegen der schlechten Raumaufteilung weniger günstig. Auch der Betrieb gestaltet sich meist etwas schwieriger als bei den rechteckigen Bauten.

Durch die Anwendung neuartiger Baustoffe haben sich aber diese strengen Formen verändert. Es gibt Kleingewächshäuser, die einen Spitzbogengiebel oder einen Rundbogen als Firstlösung anbieten.

Allen Hochglasbauten ist gemeinsam, daß sie mit ihrem größeren Luftraum mehr Wärme speichern können, und daß über die größere Oberfläche mehr Wärme zugeführt wird, da ja die beschienene Fläche der Ort der Umsetzung der Sonnenstrahlung in Wärme ist.

Außerdem sind die Möglichkeiten einer gesteuerten Beheizung und Bewässerung weitaus günstiger als bei Niederglas.

Stabiles Foliengewächshaus mit Tür und automatischer Lüftung

Die Wahl des Pflanzraumes

Entscheidet man sich als Kleingärtner für eine Niederglaseinrichtung, wie zum Beispiel Frühbeet oder Folientunnel, muß man sich über die Höhe des Pflanzraumes im klaren sein. Für die Anzucht von Gemüsepflanzen sind diese Hilfsmittel geeignet. Ist das Gemüse so hoch gewachsen, daß es an die Abdeckung stößt, sollte man diese entfernen. Zu jenem Zeitpunkt muß aber die frostfreie Zeit – üblicherweise nach den Eisheiligen – erreicht sein.

Im Niederglasraum können viele Gemüsearten, Küchen- und Gewürzkräuter, Sommerblumen und Jungpflanzen herangezogen werden. Jungpflanzen kann man unter dieser Einrichtung außerdem noch vereinzeln und dort stehenlassen, bis sie an Ort und Stelle gepflanzt werden.

Vom Sommer bis in den Herbst hinein werden wärmebedürftigere Gemüse, die niedrig wachsen oder einen kriechenden Wuchs haben, wie Gurken, Melonen, Zwergpaprika und späte Buschbohnen, gezogen. Allerdings muß dann im Sommer auf jeden Fall gelüftet werden, da es diesen Gewächsen sonst zu heiß wird.

Der Niederglasraum eignet sich auch für die Überwinterung von Feldsalat, Küchenkräutern und Wurzelgemüse.

Die Verwendbarkeit der Hochglasbauten hängt von ihrer Ausstattung ab. Verfügen sie über eine entsprechend hoch ausgelegte automatische Heizung, dann kann man ohne weiteres tropische Pflanzen darin kultivieren. Aber auch eine Ersatzheizung in Form eines Heizlüfters oder Rippenrohren erweitert die Ausnutzung dieser Häuser beträchtlich.

In Foliengewächshäusern wird man vor allen Dingen die Ernte höher wachsender Pflanzen, wie zum Beispiel Stangenbohnen, verfrühen beziehungsweise im Herbst verlängern.

Die Wahl des Pflanzraumes hängt also im wesentlichen von zwei Antworten ab:

1. Was will ich mit einem überdachten Kulturraum anfangen? Welche Pflanzen möchte ich anbauen, und zu welcher Zeit will ich sie ziehen?
2. Wieviel Geld will ich für den Bau und die Ausstattung ausgeben? Wieviel darf der Betrieb jährlich kosten?

Ein Folientunnel bepflanzt mit Salatjungpflanzen

Das Frühbeet

Ein Frühbeet ist ein einfacher Kulturraum, der entweder fest im Boden verankert oder nur auf die Erdoberfläche gesetzt ist. Seine Fläche wird unter anderem von der Abdeckung (Frühbeetfenster) bestimmt. Ein sogenanntes Frühbeetfenster besteht aus einem Fensterrahmen aus Holz, Metall oder Plastik und einer Fensterscheibe aus normalem Glas (Silikatglas) oder einer gut lichtdurchlässigen Kunststoffolie beziehungsweise -platte. Ein übliches Grundmaß für ein Frühbeetfenster ist 150 x 100 cm. Es gibt auch die sogenannten Holländerfenster, die 80 x 150 cm groß sind.

Die Größe des Kulturkastens selbst ist also meist ein Vielfaches von 150 x 100 cm und besteht aus Holzbrettern, Asbestzementplatten in einem Stahlrahmen, aus Kunststoffplatten mit Rahmen oder anderen halt-baren Materialien. Die Tiefe des Frühbeetes ist 30–60 cm.

Um ein Frühbeet richtig nutzen zu können, sind gärtnerische Erfahrungen notwendig, die man sich allerdings auch im Laufe der Jahre aneignen kann. Erfolgreiche Pflanzenkultur im Frühbeet erfordert einen verhältnismäßig hohen Zeitaufwand. Zum Glück gibt es einige Hilfsmittel wie die automatische Belüftung und die Beheizung, die dem Frühbeetgärtner den Erfolg sichern und ihm gesunde Jungpflanzen oder eine frühere Ernte liefern.

Viele Pflanzenliebhaber und Freizeitgärtner kennen immer noch nicht den Wert eines Frühbeetes für die ganzjährige Nutzung. In vielen Fällen kann nicht nur die Ernte vorverlegt beziehungsweise verlängert werden, sehr oft erzielt man in einer Früh-

Robustes, großes Frühbeet mit drei Fenstern

Diese Frühbeetabdeckungen aus glasfaserverstärktem, lichtdurchlässigem Polyester werden einfach direkt auf den Boden aufgesetzt.

Mit diesem Balkonfrühbeet kann man nicht nur Gemüse, Kräuter und Blumen vorziehen, sondern auch Topfpflanzen überwintern.

Dieses Frühbeet läßt sich bei hohen Temperaturen bis zum Boden öffnen.

beetkultur auch eine bessere Erntequalität. Außerdem läßt sich die Zahl der Erntefolgen bei ausgewogenen Nutzungszeiten vergrößern. Das bedeutet, daß man pro m² Frühbeetfläche mehr Gemüse und Früchte in einem Jahr ernten kann als von einem m² Beetfläche im Garten.

Und wem das wiederholte Einpacken und Ausräumen des Frühbeetes zu arbeitsaufwendig ist, der kann sich der Wanderkästen bedienen, die sich leicht von einer Stelle im Garten zu einer anderen versetzen lassen.

Verschiedene Firmen bieten fertige Wanderkästen an. Es ist natürlich auch möglich, im Selbstbau einen solchen zu erstellen.

Frühbeetformen

Zunächst ist hier der einfache Frühbeetkasten zu nennen, der entweder ortsfest oder transportabel (Wanderkasten) ist. Ersterer wird fest im Boden verankert und dient oft als sogenannter warmer Kasten, das heißt, man „packt" ihn oder richtet eine festinstallierte Beheizungsmöglichkeit ein. Wanderkästen können je nach Bedarf über die Beete gestellt werden. Sie werden oft mit Hilfe sogenannter Kastenzangen und entsprechend zugeschnittenen Brettern zusammengesteckt. Diese Kastenzangen sind T-Eisen mit beidseitigen U-förmigen Enden, die in die Seitenbretter eingesteckt werden. Abrutschsicherungen für die Fenster sind angebracht.

Daneben gibt es sogenannte Doppellagen. Das sind zwei Frühbeetkästen, die Kopf an Kopf aneinanderstoßen. Sie bilden also ein auf der Erde liegendes flaches Giebeldach.

Ein Doppelfrühbeet; die Fenster sind mit Lufthölzchen hochgestellt.

Solche Kästen verwendet man meist in größeren Gärten. Der Kasten ist also 300 cm tief oder breit. Daher ist es wichtig, daß man um ihn herumgehen kann.

Der richtige Standort

Der Platz für ein Frühbeet sollte sonnig, windgeschützt und nach allen Seiten außer nach Norden unbeschattet sein. Man darf nicht vergessen, daß das einfallende Sonnenlicht besonders im Frühjahr und Herbst die billigste Wärmequelle ist.
Die Hauptwindrichtung muß genau wie bei der Einteilung der Beete im Garten berücksichtigt werden. Man sollte den Kasten quer zu dieser anlegen. Ist also Südwestwind vorherrschend, dann müssen die Fenster nach Südost zu öffnen sein. Man kann auch durch geschickte Bepflanzung die Windrichtung im Garten etwas brechen oder umlenken, falls man doch eine andere Lage wählen will oder muß.

Beheizung und Isolierung

Grundsätzlich muß zwischen den beiden Möglichkeiten zur Beheizung eines Frühbeetes unterschieden werden, mit Hilfe technischer Einrichtungen und sogenannter Packungen ein Frühbeet zu beheizen. Bei den technischen Einrichtungen ist zu-

nächst das Heizkabel zu nennen. Es wird in 20 cm Tiefe in der Erde verlegt. Die Abstrahlung nach unten sollte man durch Isolation mit Aluminiumfolie und Styroporplatten verhindern. Am Kabel kann eine Oberflächentemperatur von 50 °C entstehen, daher muß man eine mindestens 15 cm starke Erdschicht darüberdecken.
Bei einer Spannung von 220 Volt muß man 80–120 Watt/m² verlegen, das heißt, 15 Watt je laufendem Meter.
Bei einer Maschendrahtheizung, die mittels eines Transformators mit 24 Volt betrieben

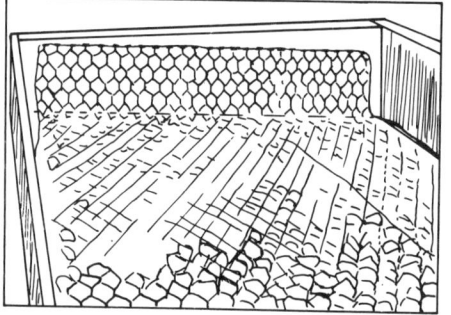

Die Maschendrahtheizung wird in das Frühbeet gelegt und mit bis zu 15 cm Erde abgedeckt.

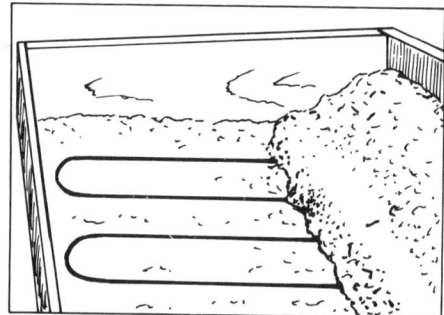

Auch mit einem Heizkabel kann ein Frühbeet beheizt werden. Es muß mit einer mindestens 15 cm starken Erdschicht bedeckt werden, damit die Pflanzen keine Schäden nehmen.

wird, erzielt man die gleichen Ergebnisse. Diese Heizung ist sehr sicher. Mit einer Thermostatregelung läßt sich die gewünschte Temperatur, zum Beispiel 15–20 °C für die Pflanzenanzucht, leicht erreichen.
Die einfachste Methode der Energiezufuhr besteht in der Ausnutzung der Sonnenenergie. Man kann mit Hilfe von schwarzen, mit Wasser oder Frostschutzmittel gefüllten Schläuchen, die auf die Beete zwischen die Pflanzen gelegt werden, eine Speicherung der Sonnenenergie vornehmen (siehe Abbildung S. 16). Das ist allerdings in der Regel erst ab Mitte Februar effektiv.
Auf jeden Fall sollte man die Möglichkeiten ausnutzen, Wärmeenergie zu sparen. Das ist möglich durch:
1. eine Mehrfachabdeckung
2. einen geschützten Platz ohne Schatten, Windeinfall und einer möglichst starken Wärmeabstrahlung (zum Beispiel an einer südexponierten Hauswand)
3. gute Abdichtung
4. eine gute Temperaturregelung
5. einen guten Schutz gegen nächtliche Abstrahlung
6. zusätzliche Wärmespeicher.
Außerdem sollte ein Frühbeet isoliert werden. Hier kommen künstliche Materialien, wie zum Beispiel Styropor, und organische, wie beispielsweise Laub, in Frage. Ein mit Styroporplatten nach allen Seiten gut isoliertes Frühbeet kann bei geringem Luftraum für begrenzte Zeit bei Außentemperaturen von −5 −8 °C frostfrei gehalten werden.
Auch das Abdecken der Scheiben mit Stroh-, Schilf- und Plastikmatten, Isolierplatten, Holzbretter, Kunststoffscheiben oder notfalls auch losem Material, wie zum Beispiel Stroh, dient dazu, die Wärme im Kasten zu halten, besonders, sobald keine Sonne mehr scheint. Wenn es in der Nacht

Frost gegeben hat, sollte man mit dem Abnehmen warten, bis die Matten abgetaut sind. Ist es sehr kalt, unter −5 °C, so darf nur über die Mittagszeit abgedeckt werden.
Verwendet man Strohmatten, sollten diese möglichst nicht naß werden, denn erstens sind sie dann sehr schwer, und zweitens bilden nasse Matten keinen Wärmeschutz. Die mühsam gespeicherte und erzeugte Wärme wird dann nach außen abgeführt. Also muß man für einen Regenschutz der Strohmatten sorgen. Wenn es geschneit hat, sollte der Schnee sofort abgekehrt werden, ehe er zu schmelzen beginnt und dann die Matten durchnäßt.

Wärmepackungen für das Frühbeet

Ein Frühbeet kann auch mit einer sogenannten „Packung" erwärmt werden. Pferdemist wird häufig als „heiße" Packung beschrieben. Die Fermentation tritt sehr schnell ein. Man erreicht mit dieser Packung Temperaturen von 40–50 °C. Dies hält, je nach den Außentemperaturen, rund sechs bis acht Wochen vor. Ein Laubzusatz senkt die Fermentationswärme herunter.
Rindermist dagegen wird als „kalte" Packung angesehen, weil höchstens Temperaturen von 20–30 °C erzielt werden. Dafür hält die Packung länger vor.
Diese Erwärmung des Frühbeetkastens beruht bei allen Packungen auf der mikrobiellen Zersetzung organischer Substanzen. Die Geschwindigkeit der Umsetzung und die Höhe und Art des Materials bestimmen die Temperatur und die Dauer der Wärmeentwicklung.
Die Temperatur im Frühbeet hängt außerdem von den Außentemperaturen ab. Durch Belüften und Abdecken während der Nacht sollten tagsüber 20–25 °C, in der Nacht minimal 10 °C herrschen. Werden diese Temperaturen nicht eingehalten, kommt es bei Keimlingen und vielen Jungpflanzen unter Umständen zu Wachstumsstockungen.
Diese Temperaturansprüche sollten auch beim beheizten Frühbeet beachtet werden. Folgend verschiedene Packungen:

Stroh und Müllkompost

10 kg Stroh und 30 kg Müllkompost werden angefeuchtet, vermischt und in der beschriebenen Weise eingebracht. Die Packung wird mit Laub oder Torfsubstrat abgedeckt, ehe man die Kulturerde darüberschichtet. Sie hält ungefähr sechs bis acht Wochen vor.

Düngetorf und Volldünger

1 Ballen Düngetorf (0,5 m^3) und 10 kg mineralischer Volldünger werden vermischt und mit 70 l Wasser gut angefeuchtet. Dann löst man in 30 l warmem Wasser (40–50 °C) 1 kg Zucker und übergießt das Torf-Dünger-Gemisch mit so viel dieser Zuckerlösung, daß die ganze Flüssigkeit aufgenommen werden kann. Danach füllt man das Gemisch ein, deckt wie beschrieben ab, streut Mistbeeterde darüber und deckt mit den Fenstern und Matten zu. Nach acht Tagen ist eine Temperatur von etwa 40 °C erreicht. Ist sie nach ein paar Tagen auf 30 °C abgesunken, kann man aussäen. Im Laufe der nächsten Wochen fällt die Temperatur dann auf 10 °C.

Strohhäcksel und Kalkstickstoff

Strohhäcksel, auch Langstroh, wird 15 cm hoch in den leeren Frühbeetkasten eingebracht und durchfeuchtet. Darüber streut man 0,5 kg/m² Spezial-Kalkstickstoff. Die gleiche Prozedur wird noch einmal wiederholt. Danach tritt man diese Wärmepackung fest und schichtet rund 15 cm Anzuchterde darüber. Jetzt wird der Kasten mit Glas- oder Folienfenstern abgedeckt. Nach wenigen Tagen beginnt die Verrottung der feuchten Stroh-Kalkstickstoff-Packung. Bald sind 15 °C auf der Bodenfläche erreicht. Dann öffnet man die Abdeckung, damit ein Luftaustausch stattfinden kann. Danach kann ausgesät werden. Natürlich ist es auch möglich Gemüse- oder Blumenjungpflanzen einzusetzen und erfolgreich zu pflegen.

Strohpackung mit Düngerzusatz

Wieder wird zerkleinertes Stroh in verschiedenen Lagen geschichtet und dazwischen wenigstens zweimal entweder 1,5 kg/m² Harnstoff, 5 kg/m² Blutmehl oder 6–8 kg/m² organischer Volldünger eingestreut und festgetreten. Die Packung sollte mindestens 30 cm dick sein. Sie wird so mit Feinerde überdeckt, daß 10–15 cm Luftraum über der Oberfläche verbleiben. Eine solche Packung ist ungefähr vier Wochen wirksam. Empfindliche Pflanzen, dürfen daher erst Mitte April in den so gepackten Frühbeetkasten gesät werden. Zum gleichen Termin können auch frostempfindliche Gemüsearten und Sommerblumen gepflanzt werden.

Der Selbstbau eines Frühbeetes

Für den Bau eines Kastens verwendet man nach alter Weise am besten 2–2,4 mm starke Bretter aus Fichten- oder Hartholz. Die Außenmaße hängen von den Maßen des geplanten Abdeckmaterials ab. Wählt man Fenster, so kann man sich danach richten, daß 150 x 100 cm das gebräuchlichste Fenstermaß ist. Man muß die Bretter entsprechend zuschneiden. Die Maße und die Form sind aus der Zeichnung ersichtlich. An den Ecken werden Kanthölzer in den Boden geschlagen, die 8 x 8 cm Seitenlänge haben. Ihre Länge sollte 70–100 cm betragen. Die oberen Enden der Kanthölzer schließen bündig mit den Kastenbrettern ab. Sie sind also entsprechend abzusägen. Der Kasten sollte nach Süden geneigt sein. Die Südkante liegt 10–20 cm tiefer als die Nordkante.

Nach alten Erfahrungen ist ein Kasten mit 400 cm Seitenlänge am günstigsten. Die Längsseiten sollten also mindestens 400 cm lang sein, die Seitenteile 150 cm. Die Breite der Bretter beträgt 40–60 cm für die höhere Seite und 30–40 cm für die niedrigere. Die Seitenteile müssen an den Schmalseiten der Breite der Längsseiten entsprechen, also 40–60 beziehungsweise 30–40 cm. Stege aus Holzleisten verhindern an der schmäleren Längsseite ein Abrutschen der Frühbeetfenster. Den Kasten baut man am besten auf einer ebenen Fläche zusammen, hebt dann die Erde aus und senkt den Rahmen danach ein. Es empfiehlt sich, den Kasten ins Lot zu bringen. Die erforderlichen Fenster kann man fertig, als Bausatz oder in Bauteilen kaufen. Ein Eigenbau ist ebenfalls möglich. Alle Holzteile sollte man mit einem pflan-

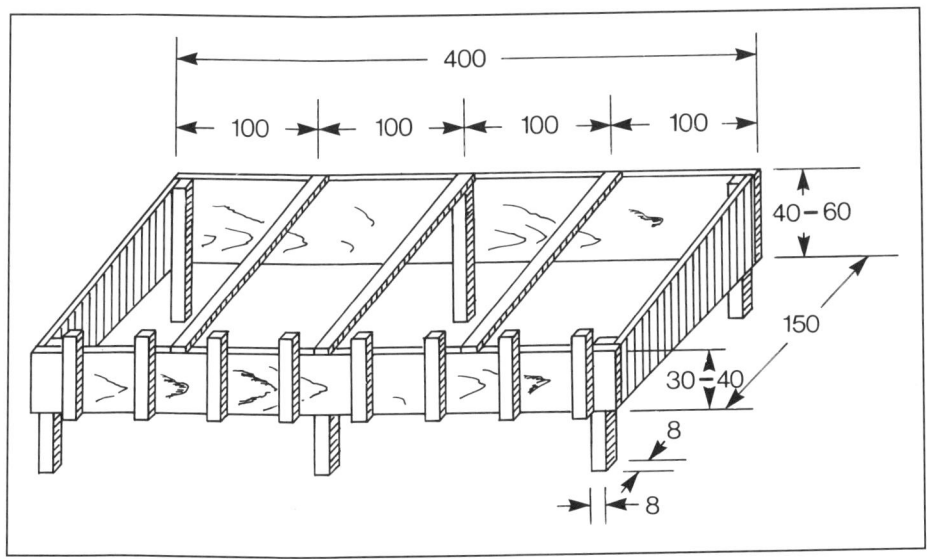

Aufbau und Maße eines selbst zu bauenden Frühbeetes (in cm)

zenverträglichen Imprägnierungsmittel behandeln, um dadurch eine frühzeitige Verrottung zu verhindern. Bei der Wahl dieser Mittel helfen die Fachgeschäfte weiter.

Beim Wanderkasten sind die Bretter in der Regel ein wenig dünner. Die Kanthölzer versteifen den Rahmen nur, sind also nicht in die Erde gerammt.

Das Einrichten und Packen

Bevor die Wärmepackung in den Frühbeetkasten eingebracht wird, muß man die Erde etwa 40 cm tief ausheben. Das muß natürlich im Herbst geschehen, da im Februar, wenn das Mistbeet in Betrieb genommen werden kann, der Boden noch gefroren ist. Danach sollte der Erdboden im Kasten geebnet werden.

Im Februar kann es dann losgehen. Man bringt eine Lage möglichst trockenes Laub zur Isolierung ein. Jetzt werden auch mit dauerhaftem Erfolg Isolierplatten, zum Beispiel Styropor, eingelegt. Diese Schicht isoliert die Packung gegen Wärmeverluste

in das Erdreich. Isolierplatten können aus dem gleichen Grund auch an die Seiten des Kastens gestellt werden.

Zum Packen des Frühbeetkastens wird entweder eine der genannten Packungen (siehe S. 27–28) oder Mist von Wiederkäuern verwendet. Dieser darf nicht zu strohig und zu naß sein und sollte vor dem Einbringen zwei bis drei Tage im Garten gelegen haben. Dann wird er 30–40 cm hoch gleichmäßig im Frühbeetkasten verteilt und locker liegengelassen. Ist der Mist trocken, sollte er ein wenig angefeuchtet werden. Danach wird der Frühbeetkasten mit den

Packen eines Frühbeetkastens

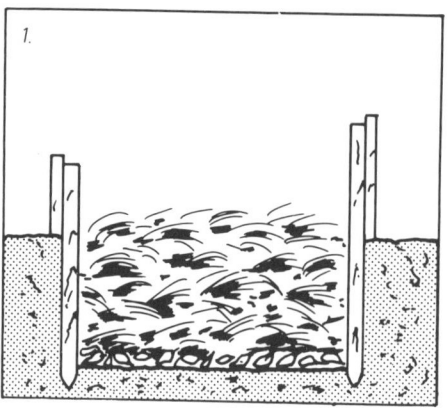

1. Im Herbst hebt man die Erde etwa 40 cm tief aus. Im Februar wird eine Lage trockenes Laub eingelegt. Darüber schichtet man 30–40 cm hoch Mist von Wiederkäuern.

2. Vier bis fünf Tage später muß man den Mist festtreten und eine Deckschicht aus Laub aufbringen.

3. Nun wird 10–20 cm dick fein gesiebte Mistbeeterde eingelegt. Zum Schluß kann man einen Umschlag aus Laub oder anderen wärmeisolierenden Stoffen an die Außenseiten des Kastens anbringen.

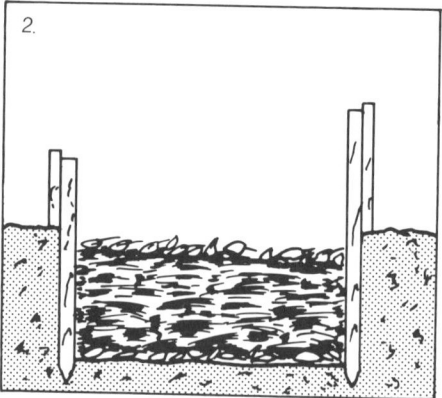

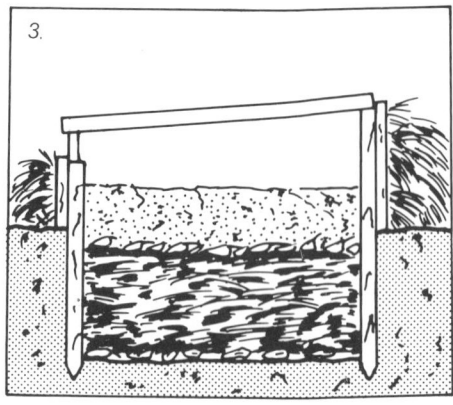

Fenstern und zusätzlich mit Strohmatten abgedeckt, um die ersten Wärmeverluste zu vermeiden.

Nach vier für fünf Tagen wird die Packung gleichmäßig angetreten. Die Ränder müssen besonders sorgfältig festgedrückt und gegebenenfalls mit Mist nachgefüllt werden, damit später kein zu großer Wärmeabfall am Rande auftritt. Hier finden auch die größten Senkungen der Erde statt.

Beachten muß man außerdem: Ist der Mist sehr strohig, muß stärker festgetreten werden als bei sogenanntem fetten Mist.

Nach der Fertigstellung ist es ratsam, zur Isolierung eine Deckschicht aus Laub aufzubringen. Die Wärmeabgabe durch die Fermentation verteilt sich dann gleichmäßiger über eine längere Zeit.

Schließlich bringt man eine etwa 10–20 cm dicke Schicht aus fein gesiebter Mistbeeterde aus dem Vorjahr, Kulturerde oder Kompost auf. Diese Erde muß völlig frei von unverrotteten Bestandteilen sein. Für die Bodenstruktur ist es günstig, 10–20% scharfen Sand (das ist gebrochener, gequetschter, gewaschener grobkörniger, Sand; man erhält ihn in Baugeschäften) beizumengen. Dieser Sand hält die Oberfläche der Erdschicht für die Bodenatmung offen. Außerdem läßt sich der Boden leichter bearbeiten und lockern. Es ist auch möglich, andere Beimengungen anstelle des Sandes hinzuzufügen. Natürlich müssen diese den Boden lockern. Ein Beispiel ist Strohmull.

Zwischen den Oberfläche der Mistbeeterde und den Fenstern sollte ein Luftraum mit mindestens 10–15 cm eingehalten werden. Wenn sich die Erde gesetzt hat, sind es dann 15–20 cm.

Wichtig ist es, die Pflanzenerde waagerecht einzubringen. Wird dies nicht beachtet, treten beim Gießen innerhalb weniger Wochen Verschlemmungen auf, und die jungen Sämlinge erscheinen zu unterschiedlichen Zeiten.

Zum Schluß lohnt es sich, einen zusätzlichen Umschlag aus Laub, Mist, Isolierplatten oder anderen wärmeisolierenden Stoffen an die Außenseiten des Frühbeetkastens anzubringen.

Nach diesen Vorbereitungen werden die Fenster wieder aufgelegt. Man stellt ein Hölzchen zwischen Kastenrand und Fenster. So kann die Oberfläche der Mistbeet- oder Kulturerde abtrocknen. Ist es draußen kühl, kann man Schwaden von Wasserdampf beobachten, die aus dem Kasten ziehen.

Aussaat und Pflanzung im Frühbeet

Nachdem der Kasten gepackt wurde, sollte man zwei bis drei Tage warten, dann kann die Aussaat beziehungsweise die Pflanzung gekaufter oder selbstangezogener Jungpflanzen vorgenommen werden. In elektrisch beheizbare Frühbeete kann, sofort nachdem die Kulturerde eingebracht wurde, gesät und gepflanzt werden. Für die Aussaat wird die Oberfläche mit Rechen und Handbrettchen geglättet und dann das Saatgut in Reihen oder breitwürfig ausgesät. Man sollte nicht vergessen, die Saatreihen zu markieren und Stecketiketten aus Plastikmaterial wasserfest zu beschriften. Sorte und Aussaatdatum muß man darauf vermerken.

Danach wird mit angewärmtem Wasser überbraust, ohne daß Verschwemmungen auftreten. Es ist sehr wichtig, einen feinen Gießaufsatz zu verwenden, damit die Samen an den vorgesehenen Stellen liegenbleiben.

Nun wird das Saatbeet mit feinstgesiebter Erde abgedeckt. Man sollte den alten Grundsatz nicht außer acht lassen, daß nur eine so dicke Erdschicht den Samen überdecken soll, wie der Samen selbst dick ist. Der Reihenabstand im Frühbeet muß wenigstens 6, besser 8 oder 10 cm, betragen. Spezielle Angaben findet man bei den Pflanzenbeschreibungen im zweiten Teil dieses Buches.

Nach Aussaat und Bezeichnung der einzelnen Arten und Sorten durch Etiketten werden die Fenster aufgelegt, geschlossen und diese mit Matten abgedeckt. Die meisten Samen keimen im Dunkeln am gleichmäßigsten (Dunkelkeimer).

Erscheinen die ersten Pflänzchen, müssen die Matten tagsüber abgenommen werden. Man kann sie in dieser Zeit als Windschutz aufstellen. Sie sollten aber kein Licht abfangen.

Ist die Saat voll aufgelaufen, müssen die Keimlinge langsam an die rauhe Wirklichkeit gewöhnt werden. Tagsüber wird gelüftet, zuerst nur einen Spalt, allmählich stellt man dann das Holz, welches die Abdeckung offenhält, höher, eben so, wie es die Lufttemperaturen außen günstig erscheinen lassen. So gewöhnt man die Pflänzchen allmählich an die Außenluft und vermeidet beim späteren Auspflanzen Wachstumsstockungen.

Wie und wann wird gelüftet?

Das Lüften dient der Temperaturregelung, der Lufterneuerung im Kasten und der Abhärtung der Pflanzen. Mit dem Lüften beeinflussen wir auch die Luft- und die Bodenfeuchte. Schon bei 5 °C kann frische Luft zugeführt werden. Die Temperatur im Warmbeet sollte 22 °C nicht übersteigen. Die Erdtemperatur kann ohne weiteres auf 30 °C ansteigen. Am besten kontrolliert man die Temperaturen mit einem Boden- und einem Luftthermometer. Ein Außenthermometer ist ebenso unerläßlich.

Jungpflanzen für das Freiland sollten allmählich an Temperaturen zwischen 12 und 15 °C gewöhnt werden. Wärmebedürfte Kulturen, wie zum Beispiel die Kastengurken, benötigen allerdings 20–25 °C für eine ungestörte Entwicklung.

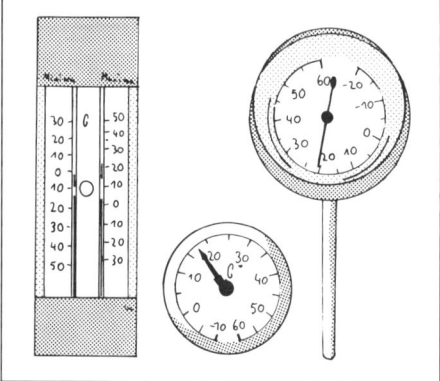

Verschiedene Thermometer: Minimum-Maximum-Thermometer (links); Frühbeet-Thermometer (Mitte); Bodenthermometer (rechts)

Ein Wärmefühler (Thermostat) reagiert auf jede Temperaturänderung und bewirkt ein Öffnen und Schließen dieser selbstlüftenden Frühbeetfenster.

Links: Verstellhebel, mit dem das Frühbeet auf der einen Seite belüftet und auf der anderen kälte- und sturmsicher verschlossen werden kann; rechts: Lüftungsautomat.

Man muß beachten, daß die Luft immer von der dem Wind abgewandten Seite in das Frühbeet hineinkommt; dies muß man schon bei der Aufstellung des Kastens bedenken (siehe S. 25).

Mit sogenannten Lufthölzchen oder Verstellhebeln kann das Fenster festgestellt werden. Es gibt seit geraumer Zeit Lüftungsautomaten für Frühbeetfenster. Sie reagieren auf die Innentemperatur und öffnen je nach Höhe dieser die Frühbeetabdeckung (siehe auch Abbildung S. 17).

Lüftungsautomaten sind Zylinder mit einer Teleskopstange, die mit einem auf die Temperatur reagierenden Öl gefüllt sind. Man kann sie auf Temperatur um 20 °C einstellen. Die Öffnungs- und Schließvorgänge lassen sich beliebig oft wiederholen. Je Fenster benötigt man einen Lüftungsautomaten.

Richtiges Gießen ist ganz einfach

Die richtige Wasserversorgung ist auch im Frühbeet von großer Bedeutung. Am besten eignet sich noch immer die 3-l-Gewächshauskanne mit einem langen, geraden Gießrohr und einer feinen Haarbrause aus Messing. Die nach dem ersten Gießen entstandene Bodenfeuchte reicht in der Regel etwa vier Wochen aus. Beschickt man das Frühbeet Mitte März, dann braucht man normalerweise nicht vor Mitte April zu gießen. Wird die Erdoberfläche aber trocken, so daß feine Risse zu sehen sind, muß man sofort gießen.

Sehr wichtig ist es, das obere Drittel des Kastens zu beobachten. Hier wirkt sich die Kraft der Sonne besonders stark aus. Die Erde trocknet schneller ab als im anderen Teil des Frühbeetes.

Nach dem Gießen bleiben die Fenster liegen, da sich die Erde und die Luft abgekühlt haben. Nach ungefähr einer halben Stunde ist die Temperatur wieder ausgeglichen. Sehr oft genügt auch das Besprühen der Jungpflanzen mit einer großen Blumenspritze, man nebelt die Pflänzchen ein. Damit wird die Luftfeuchte hergestellt, die ebenso wichtig ist wie die Bodenfeuchte.

Das leichte Übersprühen empfiehlt sich besonders nach Besonnung am späteren Nachmittag.
Wichtig ist jedoch in allen Fällen, daß das Gießwasser mindestens die Temperatur der Luft hat, so bewahren Sie Ihre Pflänzchen vor einem unliebsamen Schock.

Pikieren und Verpflanzen

Sind nach wenigen Wochen die Keimpflänzchen herangewachsen, dann ist es Zeit, sie zu pikieren. Unter Pikieren versteht man das Vereinzeln der Pflanzen.
Oft stehen die in Reihen oder breitwürfig gesäten Jungpflänzchen dicht gedrängt. Es fehlt ihnen Licht, Luft und vor allem ausreichender Wurzelraum. Jedes einzelne

Pflänzchen wird daher aus dem Saatbeet herausgenommen und erhält seinen eigenen Standraum.
Beim Pikieren muß man darauf achten, daß die Abstände von Pflanze zu Pflanze groß genug sind, um die kleinen Gewächse bis zur Auspflanzung an dieser Stelle weiterwachsen lassen zu können. Der Abstand

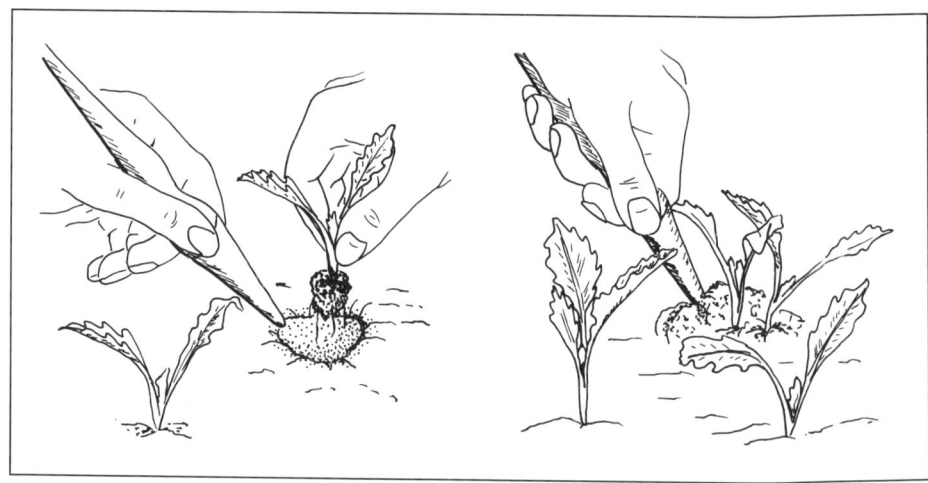

Wenn die Keimlinge groß genug sind, müssen sie pikiert (vereinzelt) werden. Dazu lockert man die Erde mit einem Pflanzhölzchen und hebt die Pflänzchen vorsichtig heraus. Dann bohrt man an anderer Stelle oder in eine bereitstehende Schale ein Loch und pflanzt den Keimling dort ein.

Ein Folienhaus ist leicht aufzubauen und verlängert das Gartenjahr. ▶

sollte wenigstens 6–8 cm nach allen Seiten betragen.

Zum Pikieren benutzt man am besten ein kleines, selbst gefertigtes Steckhölzchen. Mit diesem Hilfsmittel können die Pflänzchen zum einen ohne Schaden aus der Erde genommen werden, zum anderen bohrt man mit diesem „Pikierhölzchen" ein Loch in eine neue Pflanzschale oder an eine andere Stelle im Frühbeet. Dort wird der junge Sämling nun eingesetzt.

Die Wurzel wird in der Regel – außer natürlich bei allen Wurzelgemüsen – mit den Fingernägeln um die Hälfte eingekürzt, ohne Knick in das Loch eingeführt und die Erde seitlich mit dem Pflanzhölzchen leicht angedrückt. So bewurzelt sich das junge Pflänzchen schnell. Die Einkürzung bewirkt eine bessere Wurzelverzweigung, es bildet sich ein mit feinen Erdteilchen durchsetzter Wurzelballen, der das Auspflanzen der Aussaaten zu einem Kinderspiel werden läßt.

Pflanzt man junge Gehölze aus dem Saatbeet ins Freiland, spricht man von Verschulen. Beim Verschulen werden Sproß und Wurzel beschnitten, dann pflanzt man die Gewächse in größerem Abstand wieder auf.

Wandern die Pfleglinge in Töpfe, dann bezeichnet man dies als Vertopfen.

Beide Maßnahmen bewirken ein neues und stärkeres Wachstum der ober- und unterirdischen Teile.

Spätere Verwendung der Frühbeeterde

Die Frühbeeterde wird nach der Aufzucht der Jungpflanzen oder am Ende der Kulturperiode aus dem Kasten genommen, auf dem Kompostplatz aufgesetzt und entweder mit verdünnter Kuhjauche oder mit einer 1%igen Volldüngerlösung übergossen.

Nach einiger Zeit wird sie umgesetzt. Im nächsten Jahr kann diese Erde wieder für die Anzucht verwendet werden.

Monatskalender für das Frühbeet

Januar

Kulturen wie Feldsalat, Petersilie, Schnittlauch und Spinat, die in Frühbeeten überwintern, lassen sich sehr leicht ernten, sofern kein Frost herrscht.

Februar

Ist das Frühbeet beheizbar, kann man ab Mitte Februar Gemüse und Blumen aussäen. Aussaaten von der Fensterbank können Ende des Monats ins Frühbeet gesetzt

◄

Oben links: auch mit Folie, hier Gitterfolie, läßt sich ein Frühbeet abdecken (siehe S. 43); oben rechts: Plastikabdeckung für die Verfrühung von Gemüse und Blumen; Mitte links: Acrylvlies schützt junge Pflanzen (siehe S. 41); Mitte rechts: reifer Kopfsalat unter einem Vlies gezogen; unten links: einfaches Folientunnel, das mit Lochfolie abgedeckt ist (siehe S. 41 und 43–45); unten rechts: Folienhauben über Tomaten (siehe S. 41).

und abgehärtet werden. Zwiebelgewächse und Stauden lassen sich jetzt im Kasten antreiben.
In klimatisch günstigen Lagen, zum Beispiel in der Oberpfalz, kann das erste Treibgemüse mit Topfballen ausgepflanzt werden.

März

Jetzt ist die Hauptpflanzzeit für frühes Treibgemüse, wie Blumenkohl, Kohlrabi, Radieschen, Rettich und Salat. Blatt- und Wurzelgemüse sowie Sommerblumen werden in Folge gesät. Jungpflanzen müssen pikiert und vertopft werden. Blumenzwiebeln kann man antreiben.
Geteilte Stauden werden aufgeschult und Gehölzstecklinge unter einer gesonderten Plastikabdeckung bewurzelt.

April

Bohnen, Gurken und Tomaten kann man Mitte des Monats in freiwerdende warme Frühbeete pflanzen.
Dahlien und Knollenbegonien werden in diesem Monat weitergetrieben.
Stecklinge von Chrysanthemen und Freilandstauden lassen sich bewurzeln.
Veredelungen von Gehölzen können vorgenommen und im Frühbeet weiterkultiviert werden.

Mai

Jungpflanzen von Auberginen, Melonen, Paprika, Tomaten und Treibgurken können nach den Eisheiligen, also nach dem 15. Mai, auch ins nicht beheizbare Frühbeet gepflanzt werden. Die anderen Gemüsesorten kommen weiterhin in das Frühbeet.
Zimmerpflanzen, wie Ampelpflanzen, Blattpflanzen, Farne und Kakteen, werden nach Mitte Mai für die Sommermonate im Frühbeet eingesenkt. Sie müssen allerdings an den heißen Sommertagen in jedem Fall gelüftet und abgedeckt werden.
Erdbeeren in Frühkultur im Kasten muß man vor und während der Blüte wegen der Bestäubung gut lüften.
Grünstecklinge von Gehölzen werden nun im Frühbeet bewurzelt.

Juni

Chrysanthemen, Freesien und andere Treib- und Topfpflanzen stellt man in freie Frühbeete.
Bohnen, Gurken und empfindliche Sommerblumen müssen gut belüftet und in Regenperioden überdeckt werden. Folgesätze von Gurken, Melonen, Paprika und anderem Feingemüse können in den Kasten gepflanzt werden.
Die zweijährigen Sommerblüher, wie zum Beispiel Glockenblumen, Goldlack, Nelken, Stiefmütterchen und Tausendschön werden unter Frühbeetabdeckungen ausgesät, da dann eine gleichmäßigere Keimung erwartet werden kann.

Juli

Treibgurken und Freilandgurken können noch ausgepflanzt werden.
Topfpflanzen, wie beispielsweise Cinerarien, Primeln und Zierspargel, werden gesät.

August

Das Frühbeet wird wie im Juli benutzt.
Buschbohnen können nochmals im Kasten gelegt werden. Die Beete werden – für eine spätere Überbauung, das bedeutet, zwischen die schon hohen Gemüsekulturen werden Jungpflanzen gesetzt – mit Blumenkohl, Brokkoli, Kohlrabi und Rettich bepflanzt.

September

Treibgemüse und Blumenkulturen werden überdeckt, da es beonders in der zweiten Hälfte des Monats sehr kalt werden kann. Durch ein Überdecken des Kastens läßt sich die Erntezeit von vielen Gemüsen verlängern.
Die Zimmerpflanzen müssen gegen Mitte des Monats ins Haus geholt werden.

Oktober

Die Ernte des Herbstgemüses aus dem Kasten, zum Beispiel von Blumenkohl, Bohnen, Karotten, Rettich und Salat, steht an. Andere Kulturen muß man jetzt überdekken, wenn noch eine Ernte erwartet wird. Alle Pflanzen sollte man vor starken Niederschlägen schützen. Auch an Frostschutz muß gedacht werden. Letzte Aussaaten von Feldsalat, Karotten und Spinat für den Winterbedarf können vorgenommen werden.

November und Dezember

Wintergemüse, Blumenzwiebeln und andere schutzbedürftige Pflanzen werden im Kasten eingeschlagen. Bei mildem Wetter sind noch Aussaaten von Radieschen, Schnittsalat und Wintersorten des Kopfsalats im warmen Kasten möglich.
Christrosen für die Weihnachtsdekoration muß man entweder in den Kasten bringen oder im Freiland überdecken.
Letzte Wintergemüse, zum Beispiel Endivien, Grünkohl, Lauch, Rosenkohl und Schwarzwurzeln, werden im Frühbeet eingeschlagen, um sie bei Bedarf zu verwenden.

Die Hauptpflanzzeit für Salat ins Frühbeet ist der März.

Folien und Vliese im Garten

Folien sind Kunststoffe, sind Werkstoffe aus Kohlenstoffverbindungen. Das Material, aus dem die Folien hergestellt werden, bezeichnet man als Plastik oder Plaste. Von ihren Eigenschaften her gesehen unterscheidet man Thermoplaste oder Weichmaterial und Duroplaste oder Hartmaterial. Die Thermoplaste werden bei relativ niederen Temperaturen weich. Beide Arten unterscheiden sich im chemischen Aufbau.

Für den Garten sind die Thermoplaste Polyäthylen (PÄ), Polyvinylchlorid (PVC), Polystyrol, Polyamid, Polykarbonat und Polypropylen bedeutsam. Die bekanntesten Duroplaste sind Polyesterharze.

Ein wesentlicher Vorteil der Kunststoffanwendung ist das geringe Gewicht. Kunststoff ist nur rund ein Drittel so schwer wie Glas. Außerdem ist er unempfindlicher gegen Schlag und Stoß, weil er elastisch ist.

Kunststoffe sind beständig. Sie haben einen niedrigen Schmelzpunkt, der zwischen 100 und 130 °C liegt. Daher sind sie leicht formbar. Kunststoffe lassen sich durch ihre thermoplastischen Eigenschaften sehr gut mit thermostatisch gesteuerten Schweißgeräten verarbeiten.

Die meisten Kunststoffe sind bis −20 °C kältefest, Polyäthylen sogar bis −60 °C. Kunststoffolien haben eine Lebensdauer von zwei bis drei Jahren, manche auch bis fünf Jahre. Jeder Hersteller gibt diese Werte für sein Produkt an. Sie sind heute alle lichtbeständig, das bedeutet, daß die ultraviolette Strahlung die Struktur des Kunststoffes nicht mehr so stark angreifen kann. Früher wurde der Kunststoff in relativ kurzer Zeit durch die Strahlung immer dunkler und lichtundurchlässiger. Das passiert heute auch noch, aber lange nicht so schnell.

Welche Folie für welchen Zweck?

Folie läßt sich als Kälteschutz in verschiedenster Weise einsetzen. Kulturen können damit bis etwa −3 °C geschützt werden.

Schlitzfolie

In die Schlitzfolie sind in etwa 1 cm Abständen rund 5 cm lange Schlitze gestanzt. Dadurch ist sie leicht dehnbar. Sie wächst mit den Pflanzen mit und wird als mitwachsende Folie bezeichnet.

Sie wird locker über die Saat oder die Jungpflanzen gelegt, nicht gespannt, und an den Rändern beschwert. Beim Heran-

Mitwachsende Folie

Das Prinzip dieser Folie ist ganz einfach. Sie wird locker über die Jungpflanzen beziehungsweise den Samen gelegt und wächst bis zur Ernte mit.

wachsen der Pflanzen öffnen sich die Schlitze, die Folie wächst mit. Die Vorteile dieser Folie sind die Erhaltung der Bodenfeuchtigkeit, eine gute Durchlüftung und die Verfrühung der Aussaat um ungefähr drei und der Pflanzung und Ernte um rund zwei Wochen (siehe Abbildung S. 18).

Lochfolie

Die Lochfolie, in die je nach Folienhersteller eine unterschiedliche Anzahl von Löchern gestanzt ist, läßt sich vielseitig im Garten verwenden. Sie wird über das Beet gelegt, nicht gespannt, und an den Rändern beschwert oder eingegraben. Bei voranschreitendem Wachstum muß die Folie an den Rändern gelockert werden.
Die Bodenfeuchtigkeit bleibt unter der Folie weitgehend konstant, und nur bei anhaltender Trockenheit muß gewässert werden. Dann kann das Wasser durch die Löcher in das Erdreich eindringen.
Mit Hilfe dieser Folie kann man ungefähr drei Wochen früher aussäen beziehungsweise zwei Wochen früher pflanzen. Die Ernte wird um etwa vierzehn Tage verfrüht (siehe Abbildung S. 18).

Mulchfolie

Diese gibt es schwarz oder durchsichtig, sie wird direkt über das Beet gerollt und an den Rändern eingegraben. In für die einzelnen Pflanzenarten richtigem Abstand werden Kreuze in die Folie geschnitten. An diese Stellen setzt man dann die Pflanzen ein. Vorteile der Folie sind gleichbleibende Bodenfeuchtigkeit, die Erhaltung der Krümelstruktur und die Erwärmung des Bodens. Die schwarze Folie unterdrückt auch das Unkraut. Die Ernte kann bis zu vierzehn Tagen vorverlegt werden (siehe S. 18).

Acrylvlies

Dieses weiße, stoffartige Gespinst aus Polyacryl ist für die Abdeckfolie eine gewisse Konkurrenz geworden. Acryl P 17 ist ein Vlies aus thermisch gebundenen Polypropylen-Endlosfasern und frei von Binde- und anderen Zusatzstoffen.
Beim Verlegen sollte man das Vlies locker ausbreiten, damit genügend Platz für die Pflanzenentwicklung vorhanden ist. Der Rand wird handbreit umgeschlagen und alle 50 cm mit etwas Erde beschwert.
Das Vlies kann bis zur Ernte über den Kulturen liebengleiben.
Es hat viele Vorteile. Bei guter Licht-, Wasser- und Luftdurchlässigkeit sichert es einen gleichmäßigen Wärme- und Feuchtigkeitsaustausch. Dadurch entsteht ein ausgeglichenes Mikroklima. Taubildung in Tropfenform tritt kaum auf. Das Wasser versickert am Auftreffpunkt.
Bei Frost bildet das am Vlies kondensierte Wasser eine dünne Eisschicht, die größere Wärmeabstrahlungen vermindert. Somit wird ein guter Frostschutz erzielt. Die Pflanzen überstehen in der Regel Temperaturen von $-5\,°C$ noch gut (siehe Abbildung S. 36).

Folienhauben

Das sind Säcke, die über einzelne Pflanzen gestülpt werden. Sie dienen besonders als Kälteschutz im Frühjahr und Herbst, eignen sich jedoch nur für kurzzeitigen Schutz, da das „Wärmepolster" zu klein ist. Meist benötigt man sie für hoch wachsende Pflanzen, wie zum Beispiel die Tomate (siehe Abbildung S. 36).

Oben: geschlossenes Folientunnel; Mitte: halbgeöffnet; unten: Folientunnel mit Nylon-Vogel-schutznetz

Folienrahmen

Folienrahmen können Frühbeetfenster ersetzen.
Holzrahmen aus Leisten von etwa 2 x 3 cm Dicke lassen sich mit nicht rostendem Befestigungsmaterial leicht herstellen. Zur Stabilität kann ein kunststoffbeschichtetes Maschendrahtnetz der Folie Halt geben. Die Befestiger müssen mit Gummischeiben oder ähnlichem unterlegt werden, damit die Folie nicht so leicht ausreißt (siehe Abbildung S. 36).

Folientunnel

Darunter versteht man einen Kulturraum, über den eine Folie gespannt ist, die durch entsprechend geformte Drahtbügel Form, Breite, Höhe und Länge bestimmt. In der Regel wird ein Folientunnel über ein ganzes Beet gebaut. Häufig sind vorgefertigte Folien mit Ösen versehen, durch die die Drahtbügel gesteckt werden. Damit läßt sich die Form stabiler ausbilden.
Zur Belüftung können eine Seite oder auch beide Endstücke abgehoben werden. Es

gibt vorgefertigte Tunnel, die mit einem Netz unterlegt sind. Man kann dann die Folie zum Lüften abheben und hat gleichzeitig einen guten Vogelschutz.
Folientunnel lassen sich schnell auf- und abbauen. Sie gewähren den Pflanzen allseitigen Lichteinfall und kosten weniger als ein Frühbeet. Leider können sie aber nur bedingt längere Zeit eingesetzt werden.
Es gibt auch stabilere Folienarten mit Gespinstgitter, mit mehreren Lagen Folien und andere. Wer sich für solche Lösungen interessiert, kann unter verschiedensten Materialien wählen.
Der Bau eines Folientunnels: Folientunnel lassen sich mit ein wenig handwerklichem Geschick leicht selbst herstellen. Die Folie sollte jedoch wenigstens 0,1 oder 0,2 mm dick sein, um einige Zeit zu halten.
Für die Unterkonstruktion nimmt man Drähte oder Rohre mit einem Durchmesser von 3–5 mm und biegt sie nach Wunsch gleichartig zu. Man sollte wenigstens 20 cm für die Verankerung im Boden vorsehen.
Will man einen Tunnel für ein 100 cm breites Beet herstellen, beträgt die mittlere Höhe des Halbkreises 50 cm. Die Drähte oder

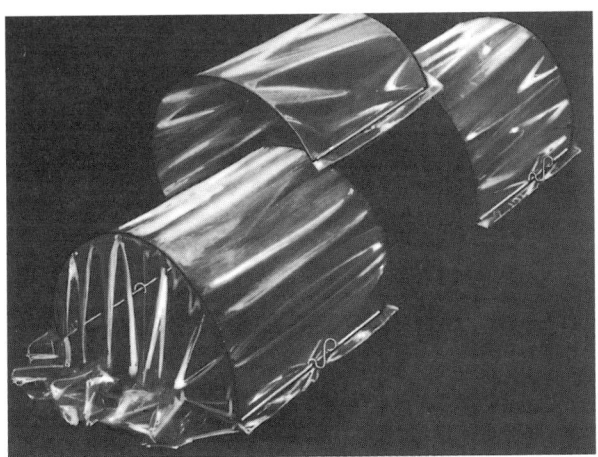

*Bei diesem Folientunnel
sind alle drei Teile einzeln
hochklappbar.
Dadurch ist ein bequemes
Lüften und Gießen möglich.*

Bau eines Folientunnels

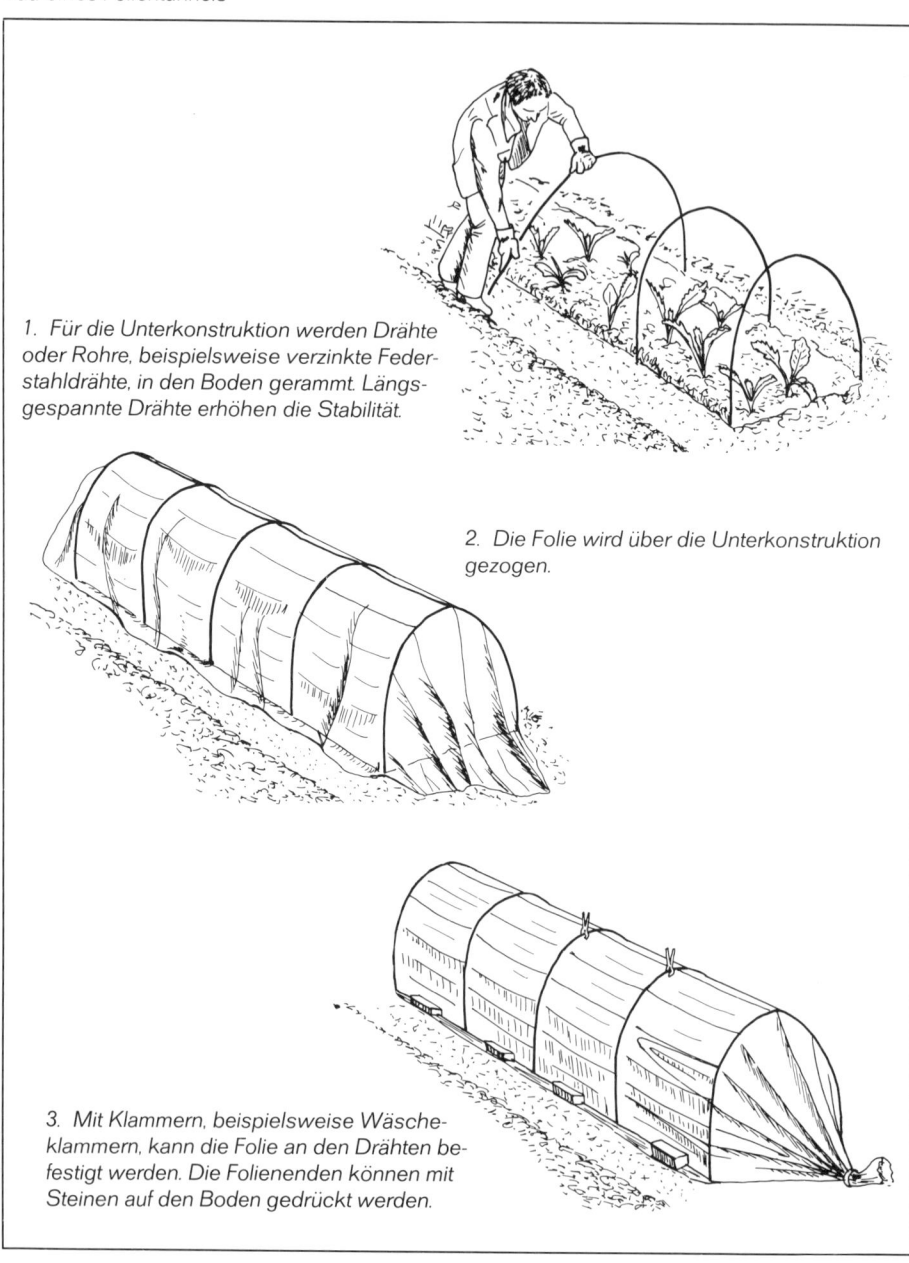

1. Für die Unterkonstruktion werden Drähte oder Rohre, beispielsweise verzinkte Federstahldrähte, in den Boden gerammt. Längsgespannte Drähte erhöhen die Stabilität.

2. Die Folie wird über die Unterkonstruktion gezogen.

3. Mit Klammern, beispielsweise Wäscheklammern, kann die Folie an den Drähten befestigt werden. Die Folienenden können mit Steinen auf den Boden gedrückt werden.

Rohre für einen solchen Tunnel müssen 200 cm lang sein, die Folienbahn entsprechend breit. Dadurch bleiben beidseitig 25 cm übrig, das reicht für das Eingraben der Stäbe am Boden.

Spannt man längs des Beetes noch Drähte, die vorteilhaft mit Kunststoff ummantelt sind, erhöht sich die Festigkeit des Tunnels. Zur Sicherheit kann man die Folie mit Kunststoffklammern, auch Wäscheklammern, an den Bügeln befestigen. Die Enden können mit Steinen oder Holzleisten auf die Erde gedrückt werden.

Auch gebogenes Baustahlgewebe kann ein gutes Gerüst sein.

Außerdem ist es möglich, sogenannte Wandertunnel zu bauen. Diese bewegliche Konstruktion besteht aus einem Holzrahmen, an dem die gebogenen Drähte beziehungsweise Rohre befestigt und dann mit Folie bespannt werden. Diese Gerüste kann man dann je nach Bedarf über die einzelnen Beete stellen.

Merke:
Nur bei Bewölkung und windstillem Wetter dürfen Folien von den Kulturen entfernt werden. Hält man sich nicht daran, können die Pflanzen durch die Sonnenstrahlung und austrocknende Winde unter Umständen sehr stark geschädigt werden.

Folien dürfen nur bei Bewölkung und windstillem Wetter entfernt werden.

Folienzelt und Foliengewächshaus

Die Übergänge vom Folientunnel über das Folienzelt bis zum Foliengewächshaus sind gleitend. Allen gemeinsam ist eine stabilere, dickere (0,2 mm) Folien, die vier bis fünf Jahre hält.

Unter einem Folienzelt versteht man ein zeltartiges mit Folie überdecktes Gerüst, in dem man stehen kann. Das Gerüst kann aus Holzleisten oder Stahlrohr-Formteilen, aber auch aus Kunststoffrohren bestehen. Das Zelt wird normalerweise nicht beheizt und besitzt keine besonderen Einrichtungen, wie Türen, Lüftungsklappen oder Stellagen. Es ist für die Verlängerung des Gartenjahres von April bis in den Spätherbst hinein geeignet.

Ein Folienhaus, das man selbst montieren kann.

Folienhäuser für den Garten

Sie sind ähnlich wie die Folienzelte konstruiert. Sie sind aber wesentlich stabiler ausgerüstet und stehen in der Verwendbarkeit den Glas- oder Kunststoffplattenhäusern in keiner Weise nach. Sie haben zwei Vorteile: Sie sind billiger als Glashäuser und man kann sie ohne Baugenehmigung aufstellen.

Begehbare Folientunnel sowie Foliengewächshäuser benötigen ein „Stützgerüst", über das die Folie aufgezogen wird. Das Gerüst dient auch häufig zur Befestigung der Folie.

Folientunnel oder -gewächshäuser, die nur für eine erweiterte Wachstumszeit aufgestellt werden, baut man am besten mit vorgefertigten Federstahlstäben oder entsprechend gebogenen Stahlrohren.

Ein Folientunnel mit rund 2 m lichter Höhe ist wegen seines großen Luftraumes klimatisch sehr günstig. Werden die einzelnen Teile gut gedichtet verlegt, dann wird das Außenklima genügend abgeschirmt und ein solcher Kulturraum ist mit einem mit normalen Glas- oder Kunststoffplatten gedeckten Gewächshaus zu vergleichen. Fast frostharte Kulturen wie Ackersalat, Chinakohl, Endiviensalat, Wintersalat und Gewürzkräuter können dort leicht meist während des ganzen Jahres gezogen werden.

Der handwerklich begabte Gärtner kann sich durchaus ein Folienhaus selbst bauen. Wer sich das nicht zutraut, sollte auf bewährte Industrieprodukte zurückgreifen (siehe S. 84).

Für die Konstruktion von Folienhäusern werden im einfachsten Falle sogenannte Multi- oder Uni-Verbinder, das sind die tragenden Teile, aus Metall oder Kunststoff

Aufbau eines käuflichen Folienhauses

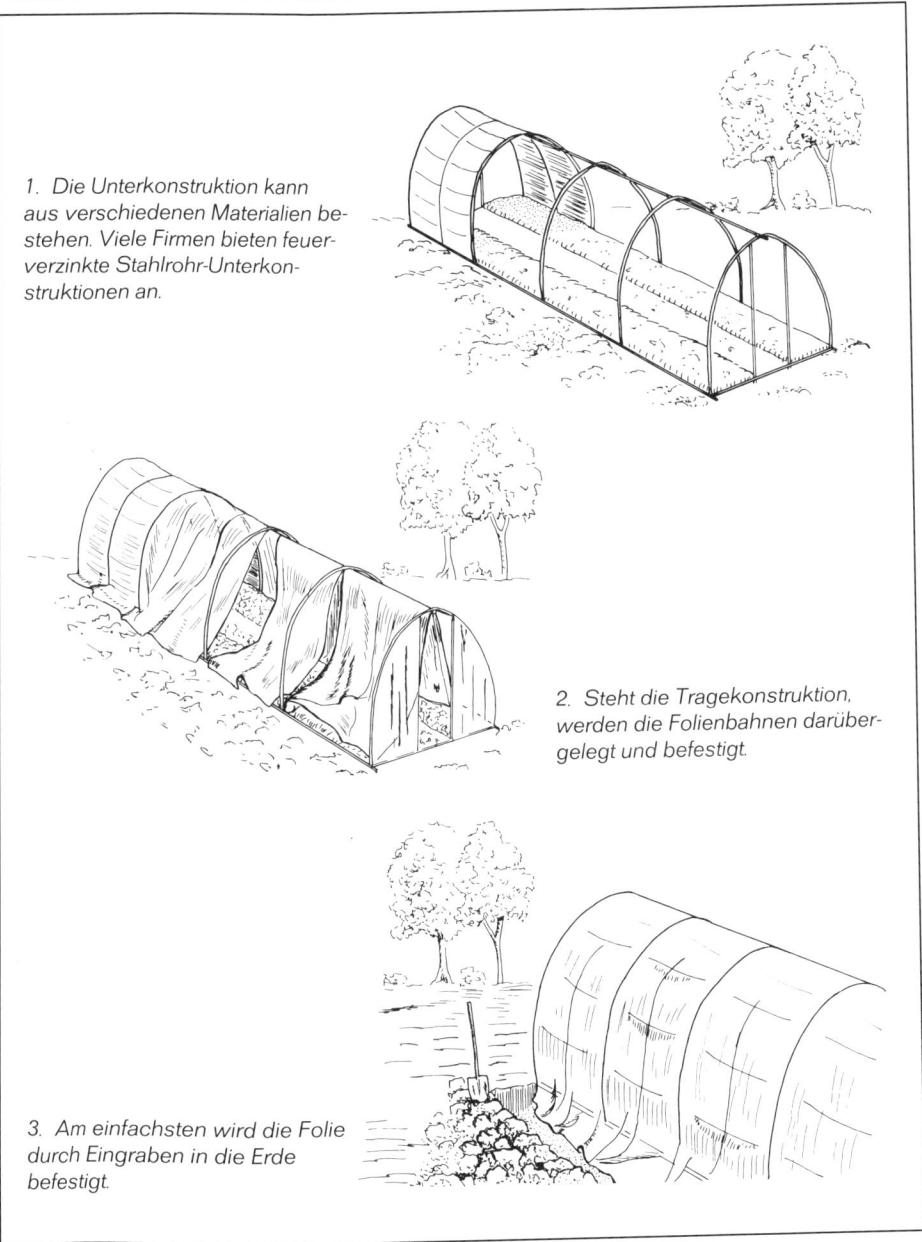

1. Die Unterkonstruktion kann aus verschiedenen Materialien bestehen. Viele Firmen bieten feuerverzinkte Stahlrohr-Unterkonstruktionen an.

2. Steht die Tragekonstruktion, werden die Folienbahnen darübergelegt und befestigt.

3. Am einfachsten wird die Folie durch Eingraben in die Erde befestigt.

verwendet, in die man Dachlatten bestimmten Zuschnittes einstecken kann. Es gibt auch Verbinder, die nicht nur die Giebel- oder Hausform herstellen, sondern auch die Hausform in der Länge festlegen. All diese Konstruktionen kann jeder Bastler leicht zusammenbauen. Er benötigt dazu außer den Baumaterialien nur Säge, Hammer und Zange. Das „Grundskelett" sollte aber so stabil sein, daß es dem Winddruck und auch normalen Schneelasten standhält.

Die Größe eines selbstgebauten Folienhauses wähle man so, daß die handelsübliche Bahnenbreite der Folie ohne allzuviel Abfall ausgenutzt wird. Die Konstruktion braucht in der Regel kein Fundament (Fuß des Hauses). Entweder schlägt man Pflöcke in die Erde und befestigt das Folienhaus daran, oder man schlägt die Streben selbst in die Erde, was aber problematisch werden kann.

Die Hölzer sollte man vor dem Aufstellen der Tragekonstruktion imprägnieren und eine Weile liegenlassen, damit das Imprägniermittel einziehen kann. Auch hier empfiehlt sich wieder eine pflanzenverträgliche Imprägnierung zu wählen.

Wird die Folie auf das Gerüst genagelt oder geheftet, sollte diese Stelle unterlegt werden, zum Beispiel mit Gummiunterlegscheiben, um ein Ausreißen zu verhindern. Die Heftmittel müssen in jedem Falle verzinkt sein. Unverzinktes Material rostet sehr schnell und beschädigt die Folie innerhalb des ersten Jahres.

Folienhäuser mit Metallunterkonstruktion, also Verbinder aus Metall, sind an den Berührungsstellen zwischen Metallrohr und Folie sehr empfindlich. Dort bricht die Folie besonders leicht. Der Grund hierfür liegt in den unterschiedlichen Wärmeleitfähigkeiten der Stoffe. Daher sollten die Stellen, an denen die Folie dem Metall aufliegt, weiß gestrichen werden. Durch die Wärmereflexion erwärmt sich das Metall weniger stark. Man kann auch Schaumstoffstreifen unterlegen, diese erfüllen die gleiche Aufgabe. Bei längeren Folienhäusern sind zusätzliche Querversteifungen in Längsrichtung sinnvoll.

Eine weitere Sicherung sind sogenannte Überwurfleinen. Man nimmt dazu etwa 3 mm starke Plastikschnüre oder ummantelte Stahllitzen und überspannt in jedem Bogenfeld den Folientunnel. Jede Leine wird an einem Erdanker – das ist eine Art Zelthering, der zum besseren Halt in einer breitschaufeligen Schraube endet – befestigt. Damit kann jedes Feld unabhängig von dem anderen jederzeit nachgespannt werden. Die Folie ist so straff zu spannen, daß sie im Wind nicht schlägt. Sie wird an den Seiten am einfachsten durch Eingraben in die Erde befestigt. Beim Kauf muß man darauf achten, daß dafür auf jeder Längsseite etwa 50 cm zur Verfügung stehen.

Die Giebelflächen sind schwieriger abzudichten. Eine gute Lösung ist das Einschweißen eines Giebelteiles in die Folienbahn. Dazu wird die Giebelkonstruktion ganz in die Folie eingehüllt und diese mit einer Art Lötkolben, der die Folie schmilzt, aber nicht verbrennt, zwischen zwei Folienlagen verschweißt. Man kann sie auch zusammenkleben; das ist zwar einfacher, aber oft nicht so haltbar.

Es gibt auch Klemmprofile, die man bespannt auf den Rahmen aufschrauben kann.

In den wenigsten Fällen reicht ein Festnageln von zwei sich überlappenden Folienbahnen als Zugang aus. Auch die Rolloform einer Tür ist meist unbefriedigend. Da die Folie in der Regel mindestens drei Jahre haltbar ist, lohnt sich der Bau einer einfachen Türe aus Holz- oder Stahlteilen.

Isolierung und Beheizung

Zur Wärmeisolation bei Temperaturen unter dem Gefrierpunkt kann ein Folienhaus beziehungsweise jeder Pflanzenkulturraum mit einer sogenannten Noppenfolie isoliert werden. Diese besteht aus zwei Folienschichten mit dazwischenliegenden Luftkissen, die miteinander verschweißt sind. Gelegentlich ist die Innenseite mit Aluminium beschichtet. Das hemmt den Wärmedurchgang von innen nach außen, aber auch umgekehrt.

Wärmespeicherung ist im Folienhaus sehr leicht möglich. Legt man schwarze, mit Wasser gefüllte Folienschläuche aus, dann speichern diese die Tageswärme und geben sie in der Nacht langsam ab. So können Ernten verfrüht oder verlängert werden (siehe dazu S. 18).

Eine Beheizung ist auch mit verschiedenen technischen Einrichtungen möglich. Und wie ein sehr bekannter Gartenfachmann so schön sagt: ein Pflanzenkulturraum ohne Heizung ist wie ein Auto ohne Motor.

Als Energiequellen bieten sich an: Petroleum oder Heizöl, Gas (Erd- oder Propangas), Elektroenergie mit Heizlüftern, Heizrohren oder -spiralen und auch Holz und Kohle. Natürlich muß man immer bedenken, daß sich der Aufwand und die Kosten auch lohnen müssen.

Am ehesten bieten sich elektrische Heizungen an. Hier sind Rohr- und Rippenrohrheizkörper, Lufterhitzer und Heizgebläse zu nennen. Meist sollte dann auch ein Ventilator eingebaut werden. Man kann sie selbst verlegen und anschließen. Mit einer thermostatischen Steuerung funktionieren sie vollautomatisch. Dadurch ist es leicht möglich, ein Folienhaus während des Winters frostfrei zu halten und beispielsweise Palmen und Kübelpflanzen zu überwintern.

Auch Öl-, Holz- und Kohleöfen haben sich bewährt. Sie benötigen einen Kamin. Einige Firmen bieten diese Öfen an, mit denen man besonders die Übergangszeit überbrücken kann. Es ist möglich sie so zu füllen, daß sie vier bis sechs Tage brennen. Ein Folienhaus wird man meist nur frostfrei halten und keine sehr wärmebedürftigen Kulturen über den Winter ziehen, da die Folie doch sehr wenig isoliert und die Kosten für die nötige Energie sehr hoch sind. Das liegt einerseits an der sehr hohen Wärmedurchgangszahl der Folien, andererseits an der meist unvollkommenen Dichte dieser Kulturräume.

Der Wärmeverlust eines mit Poläthylenfolie gedeckten Raumes beträgt in der Nacht rund 75% der aufgewandten Energie. Auch Doppelfolien bringen keinen großen Gewinn. Nur Luftpolsterfolien mit abgeschlossenen Kammerungen sparen 40% der Energie ein. Zur Berechnung des Wärmebedarfes kann man die Formel anwenden:

Wärmebedarf [Watt] = Außenfläche [m^2] $\times$ Wärmedurchgangszahl k [$W/m^2\,K$] $\times$ Temperaturdifferenz (innen minus außen) [K]

Beispiel: Haben wir ein Folienzelt mit 10 m^2 Außenfläche (nicht Grundfläche), bei einfacher Folie eine Wärmedurchgangszahl von 7,6 W/m^2K und einen Innen-Außen-Temperatur-Unterschied von 25 °C, heißt das, Wärmebedarf = 10 m^2 x 7,6 W/m^2K x 25 K = 1 900 W. Das bedeutet, man benötigt eine Heizung mit einer Leistung von rund 2 Kilowatt.

Inneneinrichtung

Oft haben Folienhäuser keine besondere Innenausstattung. Es ist allerdings möglich, Hängetische oder -bretter und Stehtische für die Pflanzenanzucht und -vermehrung anzubringen.
Das vereinfacht die Arbeit, da die Arbeitshöhe sehr angenehm ist. Hängetische können am Gerüst aufgehängt werden. Stehtische gibt es recht unterschiedliche; man kann hier unter vielen Produkten wählen. Natürlich muß auch an einen Weg gedacht werden. Die Verlegung von Platten lohnt sich hier allerdings meist nicht. Ein kleiner Trampelpfad genügt.
Oft benötigt man Schnüre oder Stangen, an denen Gurken und andere Pflanzen hochranken können.
Schnüre werden einfach am Verbinder befestigt. Man sollte immer zwei Schnüre pro Rankpflanze vorsehen. Diese versieht man in einigem Abstand mit Knoten. So ist es leicht möglich, die Gewächse durchzufädeln, dadurch bekommen diese einen viel besseren Halt.

Belüftung muß sein

Die Belüftung der Folienhäuser erfolgt in der Regel über die Türe. In seltenen Fällen wird im Gegengiebel eine Öffnung sein. Im Sommer muß am Tag in jedem Fall oft permanent gelüftet werden. Zur besseren Luftumwälzung während heißer Tage kann auch ein Ventilator eingesetzt werden. Die Anschaffung eines Thermometers lohnt sich. Ein Maxima-Minima-Thermometer ist empfehlenswert. Dieses zeigt die höchste Tages- und die niedrigste Nachttemperatur an.

Dieses Folienhaus besitzt ein Fenster an der Rückseite.

Richtige Bewässerung ist Grundvoraussetzung

Die Bewässerung ist eine der wichtigsten Kulturmaßnahmen. Man wundert sich im Sommer oft, wie das möglich ist, daß die Erde schon wieder abgetrocknet ist. Oft muß morgens und abends, besonders bei sehr wasserbedürftigen Kulturen wie beispielsweise bei Gurken, gegossen werden. Es empfiehlt sich eine Regentonne aufzustellen. Oft wird man jedoch Leitungswasser verwenden, was sich in den meisten Fällen gut bewährt.
Auch eine automatische Bewässerung etwa in Form einer Tröpfchenbewässerung kann installiert werden. Es gibt hier verschiedene Systeme. Sie funktionieren allerdings alle ähnlich. Es handelt sich um Kunststoffrohre, die in unterschiedlichem Abstand Öffnungen besitzen, aus denen permanent Wassertropfen herauskommen. Allerdings ist einiger technischer und finanzieller Aufwand dazu nötig und man sollte sich diese Anschaffung gut überlegen. Im Urlaub wird sie jedoch sehr hilfreich sein.

Boden und Düngung im Folienhaus

Man sollte wissen, daß der Boden im Folienhaus stärker beansprucht wird als der im Freiland. Das liegt daran, daß meistens mehr Kulturen pro Jahr angebaut und geerntet und dadurch mehr Nährstoffe gebraucht werden. Außerdem baut man meist nur einige wenige Gemüse-, Obst- oder Blumenarten an und kann keine richtige Fruchtfolge betreiben.
Auch das Gewächshausklima steuert seinen Teil bei. Durch die starke Abtrocknung des Oberbodens werden Salze an die Bodenoberfläche transportiert und sammeln sich dort. Dadurch kann es zu Salzschäden kommen, wie beispielsweise bei Tomaten, die dann an der Spitze schopfartige Gebilde entwickeln. Dem beugt man vor, indem immer für genügend Humus gesorgt wird, denn dieser puffert den Boden gegen eine zu hohe Salzkonzentration. Daher sollte einmal im Jahr am besten im Frühjahr 4–5 kg Kompost oder kompostierter Stallmist pro m² in den Boden eingearbeitet werden.
Wichtig ist, eben auch wegen der Versalzungsgefahr, daß die Düngung chloridfrei ist. Diese Dünger sind überall im Handel erhältlich. Die Höhe der Düngung muß jeweils auf die einzelnen Kulturen abgestimmt werden.

Aussaat und Anzucht

Kälteempfindliche oder feinsamige Einjahresblumen und Gemüsearten kann und sollte man vorziehen. Dadurch ist es leicht möglich, die Blüte und Ernte vorzuverlegen.
Man sät sie mit Erfolg in kleine Saatkisten

*Es empfiehlt sich, kälteempfindliche und feinsamige Sommerblumen und Gemüsearten vorzu-
ziehen. Dazu sät man in Saatkisten, deckt diese dünn mit Erde ab, gießt an und legt eine Glasplatte oder Folie darüber. Eine Zeitung kann als Lichtschutz darübergelegt werden.*

oder -schalen aus. Als Substrat verwendet
man Einheitserde, abgelagerte Mistbeeterde oder Komposterde. Es ist ratsam, der
Erde etwas scharfen Sand beizumischen,
Perlite oder Vermiculite eignen sich ebenfalls. Dadurch bleibt die Oberfläche für die
Keimlinge offen und es kann kein Wasser-
stau entstehen.
Im Aussaatgefäß wird die Erde leicht angedrückt und geglättet. Mindestens 1 cm hoch
sollte der sogenannte Gießrand sein, also
der Abstand zwischen Oberfläche der Kulturerde und Topfrand. Der Samen wird
sehr dünn ausgestreut und die Aussaat mit
feinem Sand in dünnster Schicht (Samen-
größe als Maß) abgedeckt. Anschließend
wird mit einem Holz leicht angedrückt. Je-

des Aussaatgefäß wird nun langsam in
Wasser getaucht, welches Haustempera-
tur haben sollte, bis die Erde in der Höhe
der Samen gut durchfeuchtet ist. Man
nimmt das Gefäß dann langsam wieder
heraus und stellt es ins Gewächshaus oder
in den warmen Kasten.
Um gleichmäßige Feuchte zu halten, legt
man auf die Gefäße eine Glasplatte oder
zieht eine Folie darüber. Bis zum Aufgehen
der Samen sollte auch ein Stück Zeitungs-

►

*Oben: dieses Folienhaus gliedert sich gut in
den Garten ein; unten: ein Folienhaus von
innen mit verschiedenen Blumen und
Gemüsen.*

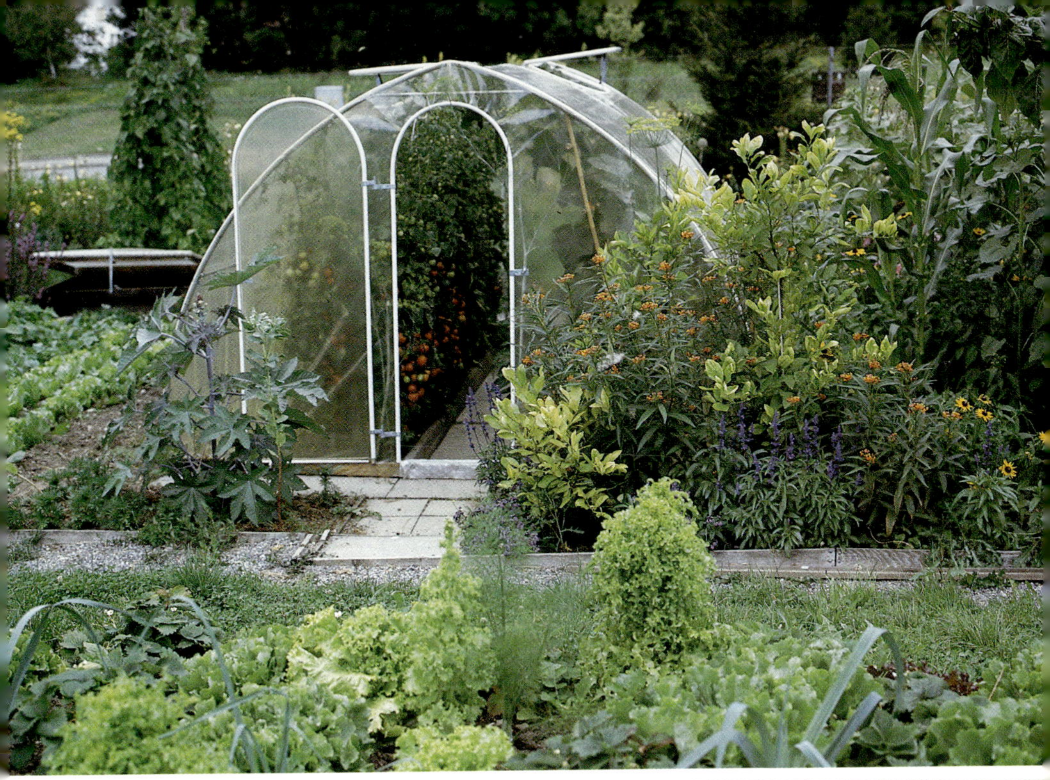

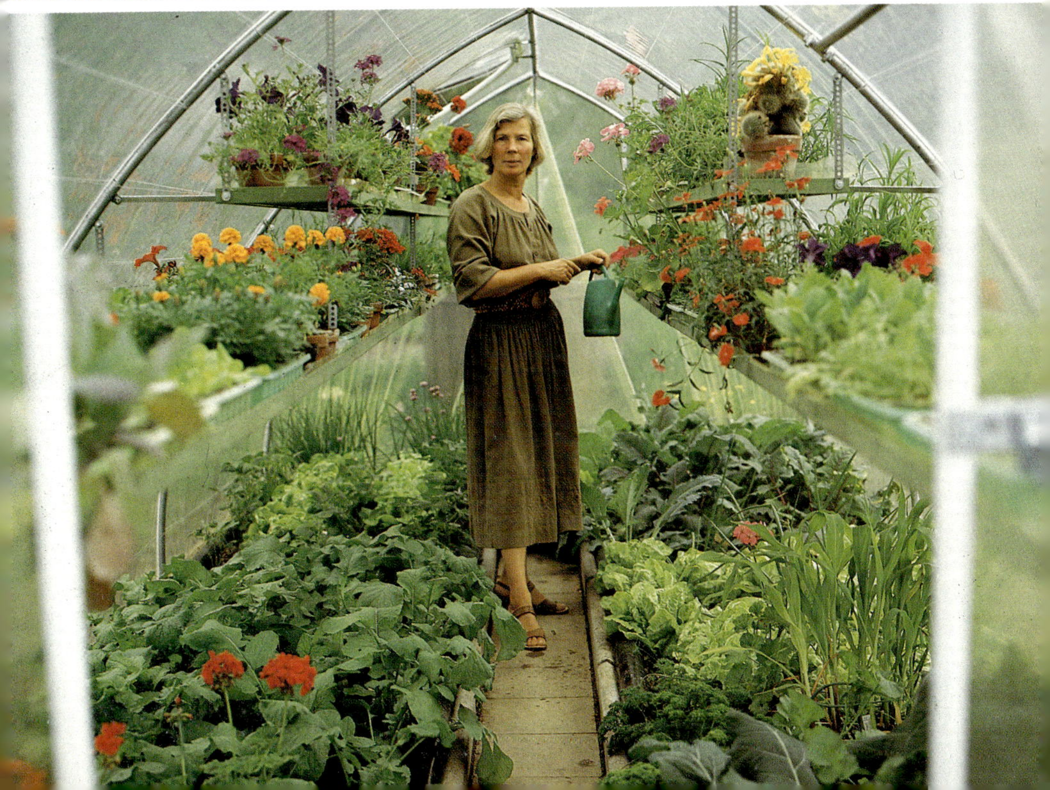

papier als Lichtschutz aufgelegt werden. Man muß allerdings den Feuchtenieder-schlag jeden Tag von Glas oder Folie ent-fernen, damit die Luft- und Bodenfeuchte nicht zu hoch und Fäulnis verhindert wird. Die Keimtemperatur sollte in der Regel 16–18 °C betragen.

Keimen die Sämlinge, nimmt man die Ab-deckung weg und läßt die Pflanzen in der Kasten- oder Gewächshausatmosphäre weiter heranwachsen. Sind die Keimlinge groß genug, schneidet man sich ein spitzes Pflanzhölzchen zurecht, lockert damit das Substrat und zieht den Keimling vorsichtig heraus. Nun bohrt man mit dem Pflanzhölz-chen in einer bereitstehenden Pikierschale ein Loch und senkt den Keimling ein. Dabei können lange Wurzeln mit dem Fingerna-gel gekappt werden, um die Seitenwurzel-bildung anzuregen. Dann drückt man seit-lich mit dem Pflanzhölzchen den Keimling im Substrat fest. Der Pflanzabstand ist etwa 3 x 3 cm. Die unteren Blätter sollen gerade über der Oberfläche liegen.

Mit einer feinen Brause werden die Pflänz-chen nun angegossen. Eine Stellage oder ein Hängebrett direkt unter dem Glas ist der richtige Standort. Sind die Pflänzchen erstarkt, ist es ratsam, sie nochmals in wei-terem Abstand in Multiplatten oder kleine Einzeltöpfe (4er- – 6er-Topf) zu versetzen. Dies wird später durch eine problemlosere Auspflanzung belohnt. Außerdem wach-sen diese Kulturen schneller.

Im Laufe der Zeit werden die Jungpflanzen abgehärtet und den Außentemperaturen erst tagsüber, dann auch nachts, sofern kein Nachtfrost zu erwarten ist, angepaßt. Nach den Eisheiligen pflanzt man sie ins Freiland.

◄

Oben links: Frühbeet aus Holz mit Glas-abdeckung und Abdeckstrohmatten (siehe S. 26); oben rechts: fertiges Frühbeet, mit Bodenheizung und automatischem Fenster-öffner käuflich; unten: komplett zu kaufendes Folientunnelset.

Praktische Pflanzenkultur

Im Frühbeet, Folientunnel und -gewächshaus kann man Gemüse direkt aussäen, Jungpflanzen anziehen und sie bis zur Ernte hegen und pflegen. Auch Stecklinge und Ableger lassen sich hervorragend gewinnen und erfolgreich bewurzeln und weiterkultivieren.

Im folgenden werden empfehlenswerte Pflanzen vorgestellt, die sich für eine Kultivierung im Frühbeet und Folienhaus eignen. Es würde jedoch den Umfang dieser Darstellung sprengen, wollte man alle Möglichkeiten aufzählen.

Schmackhaftes Gemüse

Die Jungpflanzenanzucht lohnt sich in vielen Fällen besonders bei kälteempfindlichen Gemüsearten, wie beispielsweise der Gurke. Die Jungpflanzen können nach Mitte Mai ins Freiland gesetzt werden und sind dann schon in ihrer Entwicklungszeit weiter, das heißt, wir verfrühen dadurch die Ernte, verlängern also die Ernteperiode. Aber auch Salat und Kohlrabi können vorkultiviert werden.

Die Artischocke (Cynara scolymus) wird ab Februar vorgezogen.

Für die meisten Gemüsearten lohnt sich eine Vorkultur nur bis Mai, danach kann man dann an Ort und Stelle aussäen.
Will man selbst keine Jungpflanzen vorziehen, ist es auch möglich, sich diese auf dem Wochenmarkt oder in Gartenfachgeschäften zu kaufen. Bei manchen Gemüsearten, wie zum Beispiel der Tomate, ist dies sogar anzuraten, da diese Jungpflanzen von Gartenfachbetrieben unter Kunstlicht angezogen werden und dadurch wesentlich stärker sind und nachgewiesen eine höhere Ernte bringen.

Artischocke
Cynara scolymus

Ausgesät wird Anfang Februar bei einer Bodentemperatur von 24 °C. Nach dem Erstarken der Keimpflanzen wird in einen 14er Topf getopft bei einer Temperatur von 12–15 °C.
Nach Mitte Mai pflanzt man in einen warmen, nährstoffreichen Boden mit einer Pflanzweite von 100 x 100 cm. Eine Zwischenkultur ist mit Kohlrabi und auch Salat möglich.
Man kultiviert kräftige Blütenstengel, je Pflanze zwei bis drei, an jedem Stengel

werden jedoch nur zwei bis drei Blütenknospen belassen.
Ernte ist, solange die Blütenköpfe noch geschlossen sind. Es wird ein 15 cm langer Stiel geschnitten, der bei kühler Lagerung mehrere Wochen frisch bleibt.

Aubergine
Solanum melongena

Ausgesät wird Anfang Februar in sandige Komposterde bei 20 °C. Später wird in 10er- und 14er Töpfe vertopft. Viel Licht, gute Bewässerung, trockene Luft und Temperaturen von 18–22 °C werden gut vertragen.
Mitte Mai pflanzt man ins Frühbeet oder Kalthaus. Wird im Frühbeet kultiviert, muß der Kasten um 30 cm höher werden. Die Fenster werden auf 70–80 cm aufgestockt. Auberginen lieben Wärme, daher kultiviert man den ganzen Sommer über ohne Schatten. Eine Zwischenpflanzung mit Melonen ist möglich.

Auberginen sind lohnende Kulturen für Frühbeet und Folienhaus.

Bei Fruchtansatz wird der Trieb drei Blätter über der Frucht entspitzt. Man beläßt nicht mehr als vier Früchte an der Pflanze. Die Frucht sollte für die Ernte 18–22 cm lang sein.

Bleich- oder Stangensellerie
Apium graveolens

Ab Mitte Februar bis Anfang März wird in einer Handkiste, die mit Komposterde gefüllt ist, bei Temperaturen von 18–20 °C ausgesät. Die Samen müssen angedrückt, jedoch nicht bedeckt werden. Bei Sonne wird mit Papier abgedeckt. Die Keimdauer beträgt acht bis zwölf Tage. Verzogen wird auf 3 cm, bei Temperaturen von 14–16 °C. Anfang April pflanzt man in das Frühbeet im Abstand von 8 x 8 cm, oder ins Freiland in Reihen mit 50 cm Abstand. Dazwischen kann Salat, beispielsweise die Sorte 'Maikönig', kultiviert werden. Die Düngung sollte stickstoffbetont sein.
Bleichen ist durch Anhäufeln der Reihen möglich. Die Bleichzeit dauert zwischen Mai und September drei Wochen, im Oktober vier und im November fünf bis sechs. Die Stiele sind druckempfindlich.
Bei einer Freilandkultur wird nach Kohlrabi oder Salat gepflanzt. Die Kultur verträgt bis −2 °C.

Bohne
Phaseolus vulgaris

Bohnen bieten günstige Voraussetzungen für eine Verfrühung oder Verspätung. Sie lieben Sonne und Wärme.
Zur Keimung läßt man die Samen drei Tage in feuchtem (nicht nassem) Substrat vorquellen bei Temperaturen von 20 °C. Vier bis fünf dieser Samen werden in Töpfe, direkt in den Kasten oder ins Freiland (nach

Mitte Mai) gelegt und mit 2 cm Erde bedeckt.
Die jungen Pflanzen brauchen viel Luft, besonders bei der Blüte, reichlich Wasser und eine stickstoffbetonte Düngung. Die Kulturzeit beträgt ungefähr acht Wochen. Günstig sind Folgesaaten im Abstand von vierzehn Tagen. Zwischenbau mit Salat ist möglich.
Bohnen lassen sich auch hervorragend im Foliengewächshaus ziehen.

Brokkoli (Spargelkohl)
Brassica oleracea var. italica

Dies ist ein naher Verwandter des Blumenkohls mit grünen bis violetten Blütenknospen.
Der Spargelkohl bildet einen lockeren Kopf und bringt Seitentriebe hervor, wenn der Haupttrieb herausgeschnitten wird. Diese können dann auch geerntet werden, das bedeutet ebenfalls eine Ernteverlängerung.
Brokkoli ist reicher an Vitaminen als der Blumenkohl. Außerdem ist er auch mineralreicher.
Die Aussaat kann von Anfang Februar bis Mitte März ins Frühbeet erfolgen. Nach dem Vereinzeln kann Brokkoli Ende Mai im Abstand von 60 x 60 cm ausgepflanzt werden.
In der Kultur beansprucht er einen tiefgründigen Boden genauso wie der Blumenkohl. Er liebt gleichmäßige Bodenfeuchte und außerdem einen offenen und warmen Boden.
Zehn Tage vor der Auspflanzung gibt man eine Volldüngung mit Spurenelementen von 50 g/m², nach dem ersten Schnitt eine Kopfdüngung von 30 g/m² Kalksalpeter, dazu 80–100 g organischen Dünger und 40 g Patentkali je Quadratmeter Pflanzfläche.

Für eine reine Herbsternte wird er Mitte Juni ins Freie ausgesät, Ende Juli verpflanzt und im frühen Herbst ab Mitte September mit einem Folientunnel überbaut.

Chinakohl
Brassica chinensis

Der Chinakohl wurde in den letzten Jahren aus Ostasien eingeführt.
Ende Juli/Anfang August wird in Reihen mit 40 cm Abstand gesät. Die Sämlinge müssen feucht gehalten und auf 15–30 cm vereinzelt werden.
Wie alle anderen Kohlarten auch ist er ein Starkzehrer, das muß bei der Düngung berücksichtigt werden. Außerdem benötigt er relativ viel Wasser.
Ernte ist ab Oktober. Der Chinakohl erträgt Temperaturen bis −8 °C.
Er ist nicht für eine Frühkultur, sondern nur für eine Nachkultur geeignet.

Erbse
Pisum sativum

Erbsen werden höchstens im Kalthaus oder im Wanderkasten vorgezogen. Man unterscheidet drei Varianten.
Schalerbsen mit glattem Korn sind wenig kälteempfindlich, haben weniger Ansprüche an den Boden und sind weniger gut im Geschmack. Sie speichern Stärke und schmecken daher mehlig.
Markerbsen mit runzeligem Korn speichern Zucker, bleiben also süß, und sind 60 Tage nach der Aussaat erntereif. Sie brauchen frischen, feuchten Boden für Keimung und Blüte mit einem pH von 7–8.
Zuckererbsen ißt man mit der Schale.
Alle Erbsen vertragen relativ niedrige Temperaturen. Sie werden meist sogar schon ab Anfang März ins Freiland gesät.

Sie verlangen tiefgründigen humosen Boden, der sich schnell erwärmt und eine gleichmäßige Feuchte.

Gurke
Cucumis sativus

Gurken sind ein Ganzjahresgemüse, das wußten schon die alten Römer. Sie benötigen nährstoffreiche, luft- und wasserdurchlässige Erde. Der Boden soll tiefgründig sein (60 cm). Wenn gewässert wird, dann nachhaltig (60 l/m^2).
Zur Keimung benötigen die Samen eine Bodentemperatur von 28–30 °C und eine Lufttemperatur von 22–25 °C. 24 Stunden nach der Keimung erscheint die Wurzelspitze, nach 48 Stunden folgen die Keimlappen und nach vier Tagen kann man eintopfen.
Für die Aussaat sollte man sterile Erde verwenden. Die Samen werden flach ausge-

Die meisten Sorten der Schlangengurken besitzen nur weibliche Blüten. Falls bei einigen Sorten männliche erscheinen, müssen diese ausgebrochen werden.

legt und schräg in das Substrat gesteckt. Man deckt sie nicht ab, da sonst die Keimung verzögert werden würde.
Die jungen Sämlinge dürfen nur in einem halbgefüllten 8er Topf eingetopft und sollten mit viel Licht und hoher Luftfeuchte bei Temperaturen von 24–28 °C am Tag und 20–22 °C während der Nacht weiterkultiviert werden. Nach einer Woche füllt man den Topf auf. Dazu wird das Keimblatt wieder auf die Erde gelegt. Danach muß vorsichtig gegossen werden, da sich Adventivwurzeln bilden müssen. Nach einer weiteren Woche ist der Topf durchwurzelt.
Gurken sind frostempfindlich und dürfen erst nach Mitte Mai ins Freiland.
Im Gewächshaus: Für das Folienhaus eignen sich Schlangengurken. Gepflanzt wird im Abstand von 50 cm. Während der Kultur muß regelmäßig gestutzt werden. Die Pflanzen sollte man an einem Gerüst oder einer Leine festbinden. Weibliche Blüten beläßt man an den Seitentrieben. Falls männliche Blüten erscheinen, müssen diese vollständig ausgebrochen werden. Die Kultur braucht immer ausreichend Wasser und muß regelmäßig gedüngt werden.
Im Mistbeet: Für das Mistbeet eignen sich einfache Salatgurken. Ausgesät wird von Januar bis März. Die Packung muß 60 cm hoch sein und einen hohen Laubanteil haben. Die Erdschicht sollte 20 cm dick sein. Man rechnet ein bis zwei Pflanzen je Fenster. Nachts muß bis Ende Mai abgedeckt werden. Man sollte die Kultur häufig schattieren.

Kohlrabi
Brassica oleracea var. gongylodes

Der Kohlrabi war schon immer ein bevorzugtes Treibgemüse. Die Frühsorten werden Anfang Januar bis Anfang März ins warme Frühbeet ausgesät. Ab April kann in das Folienhaus gepflanzt werden. Bei den Frühsorten ist ein Pflanzabstand von 25 x 25 cm vorteilhaft. Späte Sorten werden ab Anfang April ins Frühbeet gesät. Hält man sie hell, bleiben sie gedrungen im Wuchs und können nach etwa 45 Tagen ausgepflanzt werden.

Für die Keimung ist der Temperaturbereich zwischen 10 und 22 °C günstig. Nach sechs bis acht Tagen erscheinen die Keimlinge, danach sollte die Tagestemperatur zwischen 12 und 15 °C liegen, in der Nacht sollten mindestens 5 °C herrschen. Pikiert man die etwa 5 cm hohen Sämlinge in Tontöpfe mit 7 cm Durchmesser, dann ist das Auspflanzen ohne Wachstumsstockung möglich.

Um besonders zarte Sommer- und Herbstkohlrabi zu erzielen, können diese von Mitte Mai bis Ende Juli an Ort und Stelle ausgesät werden. Man dünnt die Aussaat auf 25 x 25 cm aus, um den Pflanzen den ihnen zusagenden Standraum zu geben.

Zehn bis zwölf Tage vor dem Auspflanzen düngt man den späteren Standort mit 100 g/m² Volldünger und fügt Kompost hinzu, danach wird gründlich gewässert. Mit Beginn der Knollenbildung werden noch einmal 30–40 g/m² Kalksalpeter verabreicht. Nach dieser Düngung haben die Pflanzen einen erhöhten Wasserbedarf. Kohlrabi dürfen niemals ganz trocken stehen, sonst tritt eine Wachstumsstockung ein. Diese führt zur unerwünschten Verholzung.

Für eine erfolgreiche Kultur ist reichlich Licht und Luft nötig. Außerdem dürfen die Jungpflanzen nicht zu tief gepflanzt werden. Bekommen sie Nachtfrost, dann bildet sich keine Knolle, sondern mehrere Blatttriebe. Nützlich ist auch häufige Bodenlockerung neben dem regelmäßigen Gießen.

Blaue Sorten haben eine längere Entwicklungszeit, sie bleiben aber dafür länger zart.

Kopfsalat
Lactuca sativa

Wählt man für die Jahreszeit geeignete Sorten, kann man das ganze Jahr über Salat aus dem eigenen Garten genießen. Im Frühbeet ist es möglich, ab Ende Januar bis Mitte Februar den Kopfsalat auszusäen, der vor dem Hochsommer geerntet werden soll. Vierzehn Tage nach dem Auflaufen der Samen wird pikiert. Diese Salatpflänzchen können ab Mitte März ausgepflanzt werden.

Günstig für das Pikieren sind Multiplatten, deren Töpfe 5 cm Durchmesser haben. Unter einem Normfrühbeet (100 x 150 cm) können rund 22 Salatpflanzen gezogen werden. Acht Tage vor dem Auspflanzen sollte eine Volldüngerlösung (50–80 g/m²) verabreicht werden. Stallmist darf nicht verwendet werden. Er führt im Laufe der Entwicklung zu Verbrennungen.

Die Höchsttemperatur von tagsüber 18 °C sollte nicht überschritten werden, nachts kann sie bis auf –3 °C absinken. Hohe Luftzirkulation ist für ein gutes Gedeihen nötig. Gießen sollte man morgens, damit die Pflanzen zum Mittag, wenn die Sonne am höchsten steht, abgetrocknet sind. Kopfsalat muß man flach pflanzen, der Wurzelballen sollte mit der Pflanzoberfläche abschließen.

Die Entwicklungszeit bei Kopfsalat dauert rund acht Wochen.

Für Kopfsalatkultur eignen sich besonders Folientunnel, die an den Enden offen gehalten werden. Auf diese Weise kann man sich das Lüften und Schattieren ersparen. Die Enden werden nur bei Frostgefahr oder bei anhaltendem Regen verschlossen.

Salat, der ohne (links vorne) und der mit Folientunnel (rechts vorne) gezogen wurde.

Melone
Cucumis melo

Die Melone stellt ähnliche Ansprüche wie die Gurke, ist jedoch wärmebedürftiger. Sie ist eine echte Frucht zum Treiben in warmen Kästen.

Melonen sind Flachwurzler. Sie werden nach der Aussaat und dem Auflaufen wieder hoch ausgepflanzt, sonst gibt es Stammfäule.

Bei geringem Fruchtansatz läßt man die Pflanzen welken, Saftstockung bewirkt einige Tage nach dem Gießen weibliche Blüten. Während Blütezeit und Fruchtbildung muß man die Kultur feucht halten.

Ein Schnitt ist wichtig, da weibliche Blüten am Seitentrieb 2. Ordnung entstehen. Nach dem Fruchtansatz wird nach dem 2. Blatt eingekürzt. Man läßt nur vier bis acht Früchte an einer Pflanze stehen.

Zur Bestäubung wird der Pollen mit einem Pinsel übertragen. Die weibliche Blüte darf dabei nicht angefaßt werden.

Ist die Frucht walnußgroß, muß reichlich gewässert und gedüngt werden. Unter die Frucht sollte eine Scheibe aus Mulchmaterial gelegt werden, wenn die Kultur im Kasten erfolgt.

Hauskultur: Ausgesät wird in eine Handkiste im Abstand von 4–5 cm. Die Samen werden 2–3 mm tief eingelegt und benötigen eine Temperatur von 22–24 °C.

Hat sich ein Laubblatt entwickelt, wird in einen 12er Topf mit Mistbeeterde und Sand bei guter Drainage umgetopft. Hat sich das 6. Blatt gebildet wird entspitzt. Ausgepflanzt wird, wenn Seitentriebe erkennbar sind.

Für die Bestäubung muß es mindestens 14 °C sein, sonst wird der Pollen klebrig. Erfolgreiche Befruchtung ist an einer welkenden Blüte am nächsten Tag erkennbar. Günstig ist die wechselseitige Bestäubung zweier Sorten.
Vollreife läßt sich bei hohen Temperaturen im Sommer (35–42 °C) erreichen, dann werden nur noch die Wege feucht gehalten und nicht mehr gespritzt.
Der volle Fruchtgeschmack entwickelt sich nur, wenn die Melonen voll ausreifen können.

Paprika
Capsicum annuum

Der Paprika ist ein Feingemüse, das aus Zentralamerika kommt und sich in Europa immer mehr ausbreitet.
Die Pflanze hat einen hohen Wärme- und Lichtbedarf und ist eine typische Kurztagspflanze mit gutem Fruchtansatz im Herbst. Sie ist für das Frühbeet und das Haus geeignet.
Die Kultur entspricht der von Auberginen.
Die Früchte werden grün geerntet, der Ertrag liegt bei etwa einem Kilo je Pflanze.

Radieschen
Raphanus sativus sativus

Radieschen sind ein vorzügliches Treibgemüse mit kürzester Entwicklung, das sich als Haupt- und Zwischenfrucht eignet. Es liebt lockeren, humusreichen, tiefgründigen Boden bei gleichmäßiger Feuchte. Nährstoffarmut führt zu Pelzigkeit, schwerer Boden gibt einen scharfen Geschmack und bei zu hoher Wärme schießen die Radieschen. Sie haben einen hohen Frischluftbedarf und sind daher keine Kultur für beheizte Räume.

Treiben als Hauptkultur: Ausgesät wird von Dezember bis Oktober. Die Keimtemperatur liegt bei 10 °C. Die Keimung dauert etwa drei Tage. Während dieser Zeit muß dunkel kultiviert werden.
Die Ernte ist nach drei bis vier Wochen, im Winter nach sechs Wochen.
Radieschen sind eine gute Zwischenfrucht für Erbsen, Gurken, Kohlrabi, Melonen, Petersilie, Salat und Tomaten.

Rettich
Raphanus sativus

Hier interessiert besonders, daß das Treiben sowohl im Frühbeet als auch im Kalthaus möglich ist.
Die Aussaat erfolgt in einer Handkiste oder direkt an Ort und Stelle.
Während der Kultur sollte die Bodentemperatur zwischen 10–12 °C liegen, die Bodenfeuchte muß relativ hoch sein. Ausgepflanzt wird, nachdem sich die ersten Blätter gebildet haben.

Spargel
Asparagus officinalis

Der Anbau zum Treiben gelingt in ein-, zwei- und dreijährigem Anbau.
Nach der Ernte beläßt man die Samen den Winter über in den Beeren. Im Februar werden sie ausgewaschen und getrocknet. Dann sät man sie in eine Handkiste bei Temperaturen von 15–20 °C aus.
Wenn sie 7 cm hoch sind (etwa Mitte Mai), pflanzt man die jungen Pflanzen in guten, mittelschweren Boden im Abstand von 30 x 20 cm. Zwei- bis dreimal wird reichlich gedüngt.
Bei der zweijährigen Kultur werden die Samen nach obiger Behandlung mit Radieschensamen gemischt und in Reihen

mit 25 cm Abstand gesät. Später wird auf 10 cm in der Reihe vereinzelt.
Im zweiten Jahr verschult man sie auf 20 x 40 cm. Die Knospen bedeckt man mit 5 cm Erde, dann wachsen sie leicht an.
Vorbereitungen zum Treiben: Die Pflanzen werden ausgehoben und die Triebe über der Wurzelkrone abgeschnitten. Der Wurzelstock muß im Frühbeet oder Grundbeet eingeschlagen werden. Er wird mit 5 cm Erde überdeckt und mit warmen Wasser (35 °C) gegossen. Die Bodentemperatur sollte 14–16 °C betragen.
Antreiben kann man von November bis März. Ein Satz dauert sechs Wochen.
Grünspargel kann ebenfalls angetrieben werden. Ein heizbarer Kasten ist dafür besonders geeignet. Die Luft- und Bodentemperatur sollte dazu in der ersten Woche 12 °C betragen. Danach ist sie langsam auf 15–16 °C zu steigern.

Tomaten sind Selbstbefruchter und müssen im Gewächshaus mittags geschüttelt werden, da sie sonst keine Früchte ansetzen.

Tomate
Lycopersicon lycopersicum

Die Tomate kommt aus Mittelamerika. In den letzten 50 Jahren hat sie sich zu einer sehr begehrten Frucht entwickelt.
Ausgesät wird ab Ende Januar. Die beste Keimtemperatur ist 22–25 °C. Nach dem Keimen stellt man die Pflanzen hell und hält sie eher etwas trockener. Bei Temperaturen von 18–20 °C bleibt das Wachstum gedrungen und gestauchte Pflanzen können besser gepflanzt werden.
Vertopft wird in 6er oder 8er Töpfe, ausgepflanzt kurz vor Erscheinen der ersten Blüte.
Eine eintriebige Erziehung ist günstig. Der Stengel sollte ungefähr 50 cm hoch entblättert werden.
Bei einer Mistbeetpflanzung im März dürfen nur drei Fruchtstände stehenbleiben, bei einer Aprilpflanzung dagegen vier. Gewässert werden muß alle ein bis zwei Wochen, da hohe Bodenfeuchte wichtig ist. Für eine spätere Freilandkultur ist der heizbare Kasten zur Vorkultur am besten geeignet.
Tomaten sind wärme- und lichtbedürftig und beanspruchen kräftige Erde. Die Düngung muß nachhaltig sein: Stickstoff für ein gutes Wachstum, Phosphor für den Fruchtansatz, Kalium für die Blüte. Zuviel Kalium verzögert die Reife der Frucht, der Wohlgeschmack wird aber verbessert.
Tomaten benötigen Temperaturen von 18–27 °C; bei über 30 °C muß gelüftet werden. Maximal vertragen sie 35 °C, minimal 10 °C.
Da Tomaten Selbstbefruchter sind, müssen Gewächshauspflanzen mittags geschüttelt werden. Im Freiland ist dies wegen des Windes nicht nötig.

Zichoriensalat (Chicorée)
Cichorium intybus var. foliosum

Der Chicorée ist ein beliebter, altbekannter Wintersalat. Bevor man den spitzkegeligen Blattschopf treiben kann, muß die Wurzel herangezogen werden.
Zur Gewinnung von Treibpflanzen braucht man humosen, sandigen Lehmboden in gutem Nährzustand. Die Aussaat erfolgt im April an Ort und Stelle mit 25 cm Reihenabstand. Ende Mai wird auf 10 cm in der Reihe vereinzelt. Im Oktober nimmt man die Wurzeln heraus und schneidet sie bis auf 10 cm ab.
Treiben im kalten Kasten: Die Erde muß spatentief ausgehoben werden. Die Wurzeln werden reihenweise eingeschlagen und mit einer trockenen Sandschicht ungefähr 10 cm hoch abgedeckt. Darüber kommt die ausgehobene, lockere Erde. Abgedeckt wird mit Fenstern, bei Frost zusätzlich mit Strohmatten. Die Erde darf nicht frieren. Die Ernte kann meist nach vier Wochen beginnen.
Treiben im beheizten Kasten: Es gilt das gleiche wie oben. Bei 18 °C kann die Ernte nach drei Wochen beginnen. Die Abdeckung über dem Wurzelhals sorgt für den geschlossenen Kopf.
Treiben im Gewächshaus: Die Wurzeln werden in Kisten oder Kübeln eingesenkt. Getrieben wird unter verdunkelten Tischen, die Wurzelköpfe braucht man dann nicht bedecken. Um eine möglichst lange Erntezeit zu haben, kann man die Blätter auch einzeln abpflücken. Der Ertrag ist dabei höher, weil alle Reservesubstanzen der Wurzeln ausgenutzt werden, aber man hat auch mehr Arbeit.

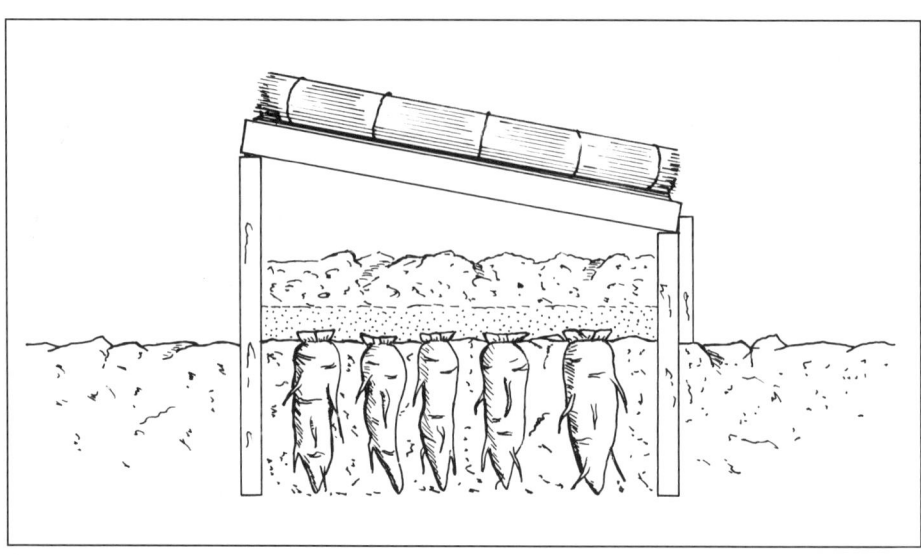

Chicorée kann leicht im Frühbeet angetrieben werden.

Kräuter unter Glas und Folie

Viele unserer Gewürzkräuter sind einjährige Pflanzen. Meist werden sie am Ort ausgesät, etwa Mitte bis Ende April. Zu diesen einjährigen Gewürzkräutern zählen Basilikum, Bohnenkraut, Borretsch, Dill, Kerbel und Majoran. Ausdauernd sind dagegen Estragon, Fenchel, Liebstöckel, Pfefferminze, Rosmarin, Salbei, Thymian und Zitronenmelisse. Die ausdauernden Gewürzkräuter besorgt man sich meist als Teilstücke und pflanzt sie in den Garten oder in einen Balkonkasten. Ausnahmen bilden Schnittlauch und Petersilie, die man für die Küche gern das ganze Jahr über haben will.

Petersilie
Petroselinum crispum

Ausgesät wird von März bis Juli, auch in größere Töpfe und andere Gefäße, die im Winter in den Frühbeetkasten oder ins Gewächshaus gestellt werden können. Während der Keimung ist gleichmäßige Feuchte von entscheidender Bedeutung. Die Samen im Kasten oder Topf werden nach der Aussaat mit wenig Erde bedeckt, diese muß etwas angefeuchtet werden. Mit Folie wird abgedeckt. Die Keimung erfolgt meist nach drei Wochen. Nach jedem Schnitt sollte nachgedüngt werden. Für den Winterbedarf ist eine Aussaat im August noch möglich. Beste Wintertemperaturen sind 5–8 °C.

Schnittlauch
Allium schoenoprasum

Ausgesät wird im April. Die Erde sollte gut angedrückt und feucht gehalten werden. Nach dem Auflaufen muß man düngen und wässern. Im darauffolgenden Jahr werden die Ballen für Treibzwecke ausgestochen. Ab Dezember bringt man diese in den warmen Kasten oder ins Gewächshaus. Ein heller Standort und reichlich Wasser sind für eine gute Entwicklung nötig. Man kann die Ballen auch im August herausnehmen, auf einem Haufen liegenlassen, bis sie abgetrocknet sind, und sie dann in den Kasten einschlagen oder zum Treiben auf die Fensterbank stellen.

Saftiges Obst

Jahrzehntelang wußte man kaum mehr von der Möglichkeit, durch einfache Maßnahmen seltene und fremdländische Obstarten heranzuziehen. Gute Verkehrsbedingungen haben das lange Zeit unnütz erscheinen lassen. Nun ist das Interesse, selbst seltenes Obst zu ziehen, wieder erwacht. Voll ausgereift schmecken die Früchte eben doch besser, ganz abgesehen von der Freude an den Erfahrungen, die man bei der Kultur gewinnt. Folgend wird eine Auswahl von Obstarten vorgestellt, deren Kultur sich besonders lohnt. Am geeignetsten ist dafür ein Gewächshaus, in dem die Pflanzen zum Beispiel als Spalier gezogen werden können. Es genügen aber oft auch Fenster oder Bretter als besonderer Winterschutz.

Erdbeere
Fragaria x ananassa

Das Verfrühen von Erdbeeren ist eine alte Gärtnerkunst, die außer Mode kam und jetzt wieder entdeckt wurde. Zum Treiben ab Januar eignen sich nur junge Pflanzen. Die Vermehrung der Treibpflanzen wird im Juli/August auf frischem, tiefgründigem, mit alter Mistbeeterde versetztem Boden vorgenommen. Eine Auswahl bester Mutterpflanzen wird in 40 x 100 cm Abstand aufgeschult und im Spätherbst durchgehackt. Mit Laubkompost deckt man die Reihen ab, sofern man nicht eine schwarze Mulchfolie für die Kultur verwendet. Im Frühjahr muß man die erscheinenden Blüten ausbrechen, um die Mutterpflanzen sehr früh zur Ausläuferbildung anzuregen. Diese Ausläufer sind die Jungpflanzen.

Diese werden geharkt und gründlich gewässert. Hat man genügend Jungpflanzen, werden weitere Ausläufer unterdrückt, damit die anderen erstarken können. Mitte Juli topft man ein. Die Töpfe mit guter Drainage werden in ein Beet mit gutem Abzug (Schlacke, Kies, Lawalit) gesetzt und vor stauender Nässe und voller Sonne geschützt.
Frühfrost ist für den Abschluß der Vegetationsperiode sehr günstig, denn gleichzeitig wird die Blütenbildung damit induziert (Thermoperiodismus – das bedeutet die Steuerung des Blühreizes durch die Temperatur).
Mit Beginn der Herbstverfärbung dürften die Töpfe nur soviel Feuchte haben, daß sie nicht welken. Steigt die Temperatur im Kasten über 5 °C, sollte gelüftet werden, auch wenn man nur eine Laub- oder Bretterabdeckung gewählt hat.

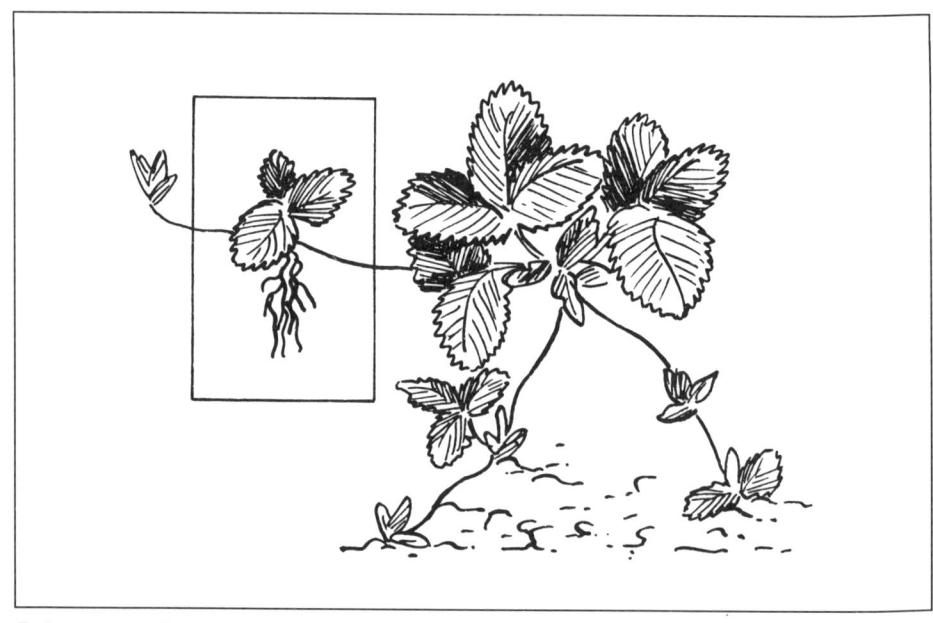

Erdbeeren werden durch Ausläufer vermehrt.

In der Anfangsphase des Wachstums benötigen die Pflanzen sehr viel Licht. Ab Mitte Dezember ist eine Vorkultur im Frühbeet oder auch im Haus bei 10 °C günstig. Bei −3 °C muß abgedeckt werden. Die Temperatur von 10 °C dient zur Anregung der neuen Wurzelbildung. Danach kann die Temperatur langsam erhöht werden bis zur Blütenbildung, auf zirka 20 °C, bei Sonne auf 25 °C. Die Bestäubung sollte man mit einem Pinsel vornehmen. Bei reichlichen Wassergaben kann mit 1‰ (Promille) Volldünger gedüngt werden.

Treiben im Frühbeet: Im beheizten Frühbeet beginnt man mit dem Treiben ab Mitte Februar, dann tritt die Blüte Mitte März ein, wenn die Bodentemperatur 15 °C erreicht hat. Bei höheren Temperaturen bilden sich langstielige, vergeilte Blätter und Kümmerblüten.

Für die gute Bestäubung ist auch hier eine trockenere, wärmere Periode wichtig.

Es hat sich gezeigt, daß sich die Erhöhung des Frühbeetes um eine Kastenhöhe für den Fruchtansatz sehr günstig auswirkt.

Der Kasten sollte in den ersten Monaten wie ein Warmbeet eingepackt werden. Die Lufttemperatur darf 10 °C betragen. Gießen ist oft erst nach der Blüte nötig. Die Bestäubung kann auch im Kasten durch Schütteln der Pflanzen und Lüften gefördert werden. Zweimal in der Woche sollte mit 2‰ Volldünger gedüngt werden. Die Pflanzen werden am Vormittag übersprüht, am Nachmittag muß man den Kasten frühzeitig schließen, damit die Wärme gehalten wird. Ernte ist Anfang Mai.

Abgetriebene Pflanzen kann man auspflanzen und unter Umständen im Freiland eine zweite Ernte erzielen. Man muß diese Pflanzen bei mäßiger Feuchte bis Ende Juni geschützt und schattig halten, ab Anfang September kann man dann noch einmal ernten.

Feige
Ficus carica

Die Feige ist eine der ältesten Früchte. Sie benötigt im Sommer einen sonnigen und geschützten Platz. Für das Überwintern im Kübel genügen 5 °C.

Die Frucht ist ein Fruchtstand. Die Bestäubung erfolgt durch die Feigenwespe. Diese kommt allerdings in Mitteleuropa nicht vor. Durch Auslese entstand die Sorte 'Adriatic', die ohne Wespenbestäubung fruchtet. Sie kam ungefähr im Jahre 1500 nach Mitteleuropa.

Die Feige erträgt mit Winterschutz in der Ruheperiode bis −12 °C, im Austrieb ist 1 °C die niedrigste Temperatur. Wird sie im Freien oder im ungeheizten Gewächshaus gehalten, bringt sie nur eine Ernte pro Jahr hervor, sonst sind zwei Ernten normal. Sie hat ein- und zweijähriges Fruchtholz. Im Sommer werden die Fruchtansätze sichtbar. Hält man sie zwischendurch kühl, dann wird eine zweite Wachstumsperiode eingeleitet.

Eine basische Bodenreaktion (kalkhaltiger Boden) ist nicht nur für eine gute Fruchtbildung wichtig, sie bewirkt auch einen niedrigen Wuchs, begünstigt die Zuckerbildung und fördert den Laubfall im Herbst. Der Boden sollte humusarm sein.

Im Sommer ist die Feige feucht zu kultivieren, tägliches Gießen und Übersprühen der Blätter ist wichtig. Der Boden muß gut durchlässig sein, der Kübel, in dem die Feige wächst, möglichst klein.

Ein früher Austrieb ist für die Fruchtreife erwünscht. Rasches Wachstum ist bei 18 °C gesichert, für die Fruchtreife sind 25–27 °C erwünscht. Daher ist die Kultur im Foliengewächshaus erfolgversprechend.

Die Pflanzerde sollte aus sieben Teilen Lehm und drei Teilen Sand bestehen. Man kann etwas Torf beimischen. Dazu kommen Superphosphat, organische Volldünger und Kalisulfat. Verpflanzt wird im Herbst, wobei Sproß und Wurzel kräftig zurückgeschnitten werden. Sie kann auch in einem luftigen dunklen Kellerraum frostfrei überwintert werden. Der Wurzelballen sollte nie austrocknen. Im Freien muß er mit Laub und Deckreisig nach durchdringendem Wässern abgedeckt werden. Die Äste des Strauches können durch eine Schilfmatte oder durch Fichtenreisig vor Wintersonne und trocknenden Winden geschützt werden.

Feigenopuntie
Opuntia spec.

Die Feigenopuntie ist ein Kaktusgewächs aus Mexiko, dessen Früchte gern gegessen werden; sie heißt auch „Barbarenfeige". Die Pflanzen werden 2–5 m hoch und bis 200 Jahre alt. Es gibt rund 300 Arten der Kaktusfeigen.
Ausgesät wird in sandige Erde. Die Samen deckt man nur geringfügig ab. Die Temperatur sollte 20 °C betragen, die Erde muß feucht gehalten werden. Die Keimung kann bis zu einem Jahr dauern.
Eine Vermehrung durch Stecklinge in scharfem Sand im Frühjahr ist möglich. Dazu müssen die Stecklinge bis zur Wurzelbildung besprüht werden.
Verpflanzt wird im Frühjahr bei einer Temperatur von 16 °C. Im Sommer sind Wärme (27–30 °C), Sonne, viel Frischluft und Wasser günstig. Im Herbst/Winter muß trocken kultiviert werden, am besten bei einer Temperatur von 7 °C. Die Frucht ist eigroß und mit Glochidien (Stacheln) besetzt, die man vor dem Essen entfernen muß. Das Fleisch ist saftig, rotgelb, enthält über 12% Glucose und Fructose und natürliche Hefe.

Granatapfelbaum
Punica granatum

Der Granatapfelbaum stammt aus Persien/Afghanistan und wird heute rund um das Mittelmeer sowie in Kalifornien angepflanzt. In Mitteleuropa ist er seit 1550 als Kübelpflanze bekannt. Der sonst immergrüne, 5 m hohe Baum verliert bei kühler Temperatur im Herbst die Blätter. Er erträgt Kälte bis −12 °C.
Eine Vermehrung ist durch Aussaat, Stecklinge und Absenker möglich. Stecklinge gewinnt man, indem man 6–24 Monate alte Triebe 20 cm lang schneidet. Diese werden dann nach der herkömmlichen Weise behandelt. Sie müssen feucht und schattig gehalten werden. Die Seitentriebe werden entfernt. Dann setzt man vier bis fünf Triebe zusammen in einen 50 cm hohen Topf. Die ersten Früchte erscheinen im siebten Jahr. Die Hauptblütezeit ist von April bis Juli. Die Frucht reift fünf bis sieben Monate.
Wenn die Schale der Frucht gelbbraun wird, sollte die Pflanze einer hohen Temperatur ausgesetzt werden. Danach muß die Frucht langsam in Kühle nachreifen. Die rosarote Pulpe schmeckt süßsauer und ergibt einen guten Saft.
Überwintert wird im Kalthaus.

Lime-Frucht (Saure Limette)
Citrus aurantiifolia

Diesen immergrünen, 3–6 m hohen, buschigen Baum aus Ostindien kann man bei uns im Kalthaus ziehen.
Der Sämling ist erst bedornt, später nicht mehr. Er fruchtet leichter, wenn er gepropft wurde. Die Kultur ist ähnlich wie bei der Limone, nur ist die Lime-Frucht empfindlicher. Die Temperatur sollte 2 °C nicht unterschreiten.

Wegen des buschigen Wuchses muß man ausdünnen und stutzen. Die Blüten sind kleiner als bei der Limone.
Die Frucht mißt 5 cm im Durchmesser, ist grünschalig, sehr sauer, reift gelbgrün und duftet hervorragend. Der Saft auf die Haut gebracht und der Sonne ausgesetzt, ruft eine intensive Hautbräunung hervor.

Limone (Zitrone)
Citrus limon

Dieser immergrüne, subtropische, 2–3 m hohe Baum aus Zentralasien ist heute auch im Mittelmeer besonders in Sizilien sowie in Kalifornien heimisch.
Bei uns wird die Limone im Kalthaus kultiviert. Ausgesät wird im März bei Temperaturen von 13 °C. Der Samen wird 1 cm tief in lockere Lehmerde eingebracht. Nach 20–30 Tagen ist die Keimung erfolgt.
Günstiger ist die Pfropfung auf die Wildzitrone Poncirus trifoliata, die in vielen Gegenden als Zierstrauch winterhart ist. Man kann auch im August okulieren.
Limonenpflanzen ertragen im Winter −7 °C, Blüten nur −2 °C, Sproßspitzen −3 °C. Die günstigsten Überwinterungstemperaturen sind 4 °C während der Nacht und 7 °C am Tag. Im Frühjahr sollte die Temperatur auf 10 °C steigen, im Mai auf 20 °C. Im Sommer sollte nicht mehr als 30 °C herrschen.
Die Pflanze benötigt einen hellen Standort, Wärme sowie hohe Luft- und Erdfeuchte. Stutzen ist nicht nötig, nur sollten Wildtriebe beseitigt werden.
Die Limone blüht und fruchtet gleichzeitig. Die Fruchtreifezeit beträgt sieben bis vierzehn Monate. Man sollte die Früchte grün pflücken und bei 16 °C lagern, bis sich die Schale gelb färbt.

Mandarine
Citrus reticulata

Dieser immergrüne, kleine Baum besitzt keine Dornen. Die Früchte haben einen Durchmesser von 8–10 cm, schälen sich leicht und duften gut.
Vermehrung und Kultur der Mandarine gleichen denen der Orange. Sie wird bei uns im Kalthaus gezogen. Ein heller Standort ist wichtig.
Im Winter benötigt die Pflanze 7 °C, bei Neutrieb im Frühjahr sind 16 °C und im Sommer 30 °C günstig.
Geerntet wird im November und Dezember.
Die Clementine ist eine samenlose Sorte der Mandarine. Sie ist reif, wenn sich die Schale leicht lösen läßt. Die Clementine besitzt wenig Säure und schmeckt süßer als die Mandarine. Geerntet wird im Dezember und Januar.
Satsuma ist eine andere samenlose Sorte mit kleiner bis mittelgroßer Frucht, dünner Schale und leicht trennbaren Segmenten der Frucht.
Die temperaturabhängige Pflanze ist eine Mutation aus der Mandarinenvarietät „Zairai" (Japan). Geerntet wird von Oktober bis Dezember.
Die Tangerine ist eine weitere samenlose Sorte von aufrechtem Wuchs mit dunkeloranger Schale. Sie ist süß und sehr aromatisch bis würzig. Die Tangerine ist die kleinstfrüchtige Mandarinensorte.

Orange
Citrus sinensis

Navel-, Blut- und Valencia-Orangen sind die wichtigsten Orangen mit Erntezeiten von Ende November bis Ende März. Die

Sorte 'Jaffa' der Valencia-Orange hat die längste Ernteperiode (von Dezember bis März).
Der Orangenbaum ist immergrün, 6–9 m hoch und stammt aus Indien, Siam und Südchina. Er hat sich in den Winterregengebieten der Subtropen angesiedelt und ist daher relativ kälteresistent in der Ruhezeit, die der Ernte folgt. Die Überwinterung findet in hellen Räumen bei 7–10 °C statt. Die günstigsten Temperaturen während des Wachstums sind 27–30 °C. Damit die Früchte reifen, muß die Temperatur mindestens 10 °C betragen. Viel Luftbewegung und Wasser sind wichtig.
Nach dem Fruchtansatz darf nicht mehr geschnitten werden.

Weinrebe
Vitis vinifera

Es gibt rund 60 Arten der Weinrebe. Unsere Kulturweinrebe stammt wohl aus Kleinasien und ist die älteste bekannte Kulturpflanze. Sie liebt einen trockenen, warmen Sommer und kühle, feuchte Winter. Der Stock erträgt kurzzeitig Temperaturen von −20 °C, geht jedoch bei Dauerfrost von −18 °C ein.
Die Weinrebe kann man von November bis März pflanzen. Man erhält sie aus Stecklingen und Absenkern oder als Pfropflinge. Die Frucht kann auch nach dem Blattfall bis November hängen, was mehr Süße bringt.
Treiben von Wein: Das Zentrum der Weintreiberei war früher Belgien (Brüsseler Trauben). Inzwischen haben Importe aus der Südhemisphäre diese Treiberei abgelöst; jetzt hat sie der Gartenliebhaber wieder entdeckt.
Ein typisches „Weinhaus" ist ein einseitiges Pultdachhaus, welches bis zu 300 cm breit

ist. Der Boden muß tiefgründig (80–100 cm tief) sein und eine gute Drainage haben. Nährstoffreiche Pflanzerde ist eine kalkreiche Lehmrasenerde mit organischer Düngung. Voraussetzung für die Kultur sind gute Belüftung und eine ausreichende Beheizungsmöglichkeit.
Die Jungreben werden ab Mitte August oder im Frühjahr gepflanzt. Im Frühjahr erfolgt ein Rückschnitt auf zwei Augen. Nach der Neupflanzung dürfen weder zu hohe noch zu niedrige Temperaturen den Austrieb stören.
Das Treiben kann ab Mitte November beginnen, normal fängt man Mitte Januar damit an. Die Ernte ist je nach Sorte fünf bis sechs Monate später.
Der Austrieb wird beschleunigt, wenn man zunächst den Trieb auf die Erde legt, bis die Austriebe 5 cm lang sind. Dann wird die Anfangstemperatur von 10 °C allmählich auf 20–22 °C erhöht, bei Sonne kann die Pflanze 30 °C ertragen.
Gleichmäßige Feuchte und frische Luft sind wichtig. In der Blütezeit darf nicht gesprüht werden, in der Trieb- und Wuchsperiode ist reichlich mit hauswarmem Wasser zu gießen.
Nach der Blütezeit muß man den Erziehungsschnitt durchführen, wenn nötig auch Trauben ausdünnen.
Das Treiben im Kalthaus kann ab Mitte März erfolgen. Dieselben Arbeiten, die oben beschrieben sind, vollziehen sich mit entsprechender zeitlicher Verzögerung.

▶

Oben links: dieses Folienhaus besitzt eine Holzkonstruktion und ist mit Schlangengurken bepflanzt; oben rechts: Blick ins Folienhaus, am Boden sind Gurken ausgepflanzt, in den Regalen stehen vorgezogene Jungpflanzen; unten links: Pflanzenanzucht in sogenannten Multitopfplatten; unten rechts: fachgerechtes Pikieren junger Pflanzen.

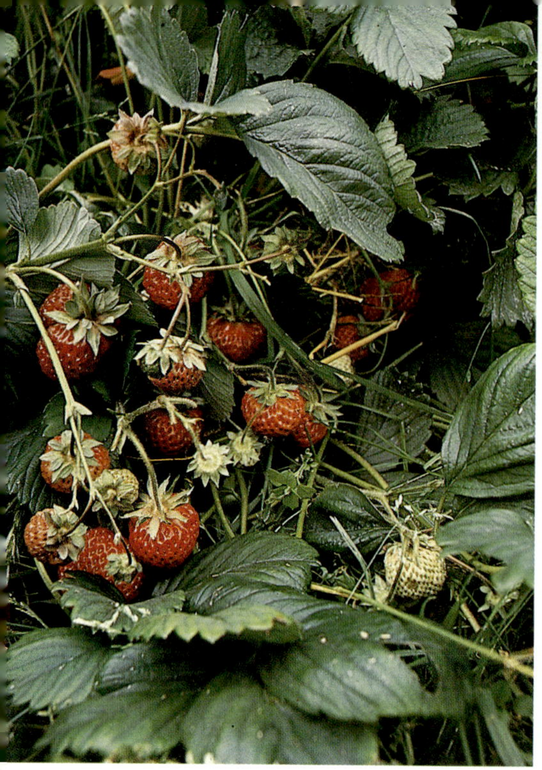
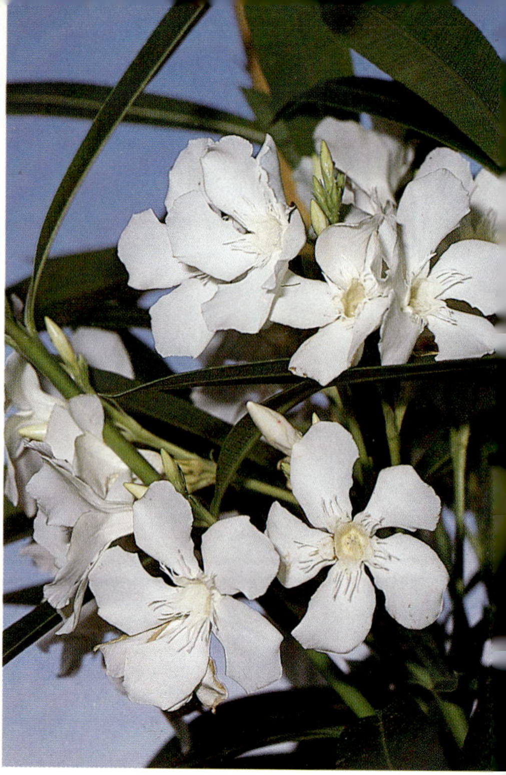
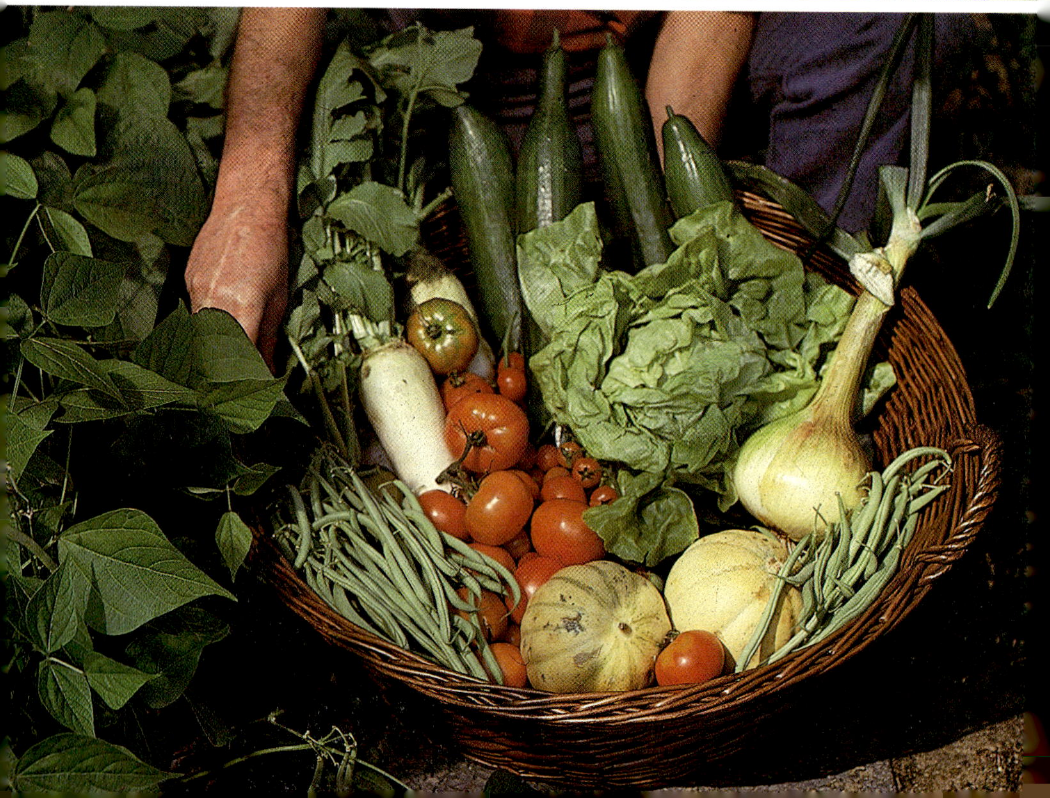

Topfkultur: Die Rebe muß etwa 150 cm langes ausgereiftes Holz, der Topf etwa 50–60 cm Durchmesser haben. Im übrigen sind die obigen Angaben sinngemäß anzuwenden. Eine spezielle Weinsorte für die Topfkultur ist 'Black Hamburg'. Die Interessen des Liebhabers zielen in der Regel auf die Gewinnung von Tafeltrauben. Deshalb eignen sich frühe Sorten besonders gut. Da es rund 10 000 verschiedene Sorten gibt, fällt die Auswahl schwer, auch deshalb, weil in den vergangenen Jahren vermehrt neue, in vieler Hinsicht sehr interessante Züchtungen bekannt geworden sind. (Unter frühreifenden Sorten versteht man Reben, die an Südwänden Anfang bis Mitte September die Vollreife erlangt haben.)

Schöne Sommerblumen

Es gibt einjährige Blumen, die man direkt ins Freie säen kann, andere zieht man besser im Kasten oder auch als Topfpflanzen im Gewächshaus.

Einjahresblumen ohne Vorkultur sind Adonisröschen, Bienenfreund, Elfenspiegel, Fuchsschwanz, Gauklerblume, Goldmargerite, Gretel im Busch, Kapuzinerkresse, Klarkia, Korn- und Flockenblume, Leinkraut, Portulakröschen, Reseda, Ringelblume, Schleierkraut, Schleifenblume, Schöngesicht, Sommerazalee, Sommerchrysantheme, Sommermohn, Sonnenblume, Spaltblume, Tigerblume und Trompetenzunge. Es ist aber bei manchen dieser Blumen sehr angeraten, erst nach den Eisheiligen die Sämlinge der Witterung auszusetzen.

Frostempfindliche Einjahresblumen, wie beispielsweise Tagetes, müssen vorgezogen werden. Die Beschreibung dazu ist auf den Seiten 51–52 und 55 zu finden.

Sommerblumen können im Frühbeet vorkultiviert werden, hier Strohblumen und Tagetes (Studentenblumen).

◄

Oben links: Erdbeeren lassen sich gut im Frühbeet kultivieren; oben rechts: ein weißblühender Oleander; unten: gesundes Gemüse aus dem Folienhaus.

Zierende Kübelpflanzen

Kübelpflanzen sind meist Sträucher oder kleine Bäume, die entsprechend große Pflanzgefäße benötigen. Am günstigsten sind Holzgefäße oder solche aus Eternit, Kübelpflanzen sind sehr dekorativ und werden oft in großen Räumen aufgestellt, im Sommer auch im Freien auf Balkonen und Terrassen.
Man muß sie in die Gruppe der sogenannten Kalthauspflanzen einordnen, da sie Überwinterungstemperaturen zwischen 1–10 °C bei hellem Standort verlangen. Sie lassen sich in einem Folienhaus, welches mit Hilfe einer Heizung frostfrei gehalten werden kann, bei uns leicht überwintern.

Agave
Agave

Diese starkwüchsige Blattpflanze stammt aus den Tropen Amerikas. Sie hat bewehrte Blätter, die in Rosetten stehen. Jede Rosette bildet nur einmal eine Blüte und stirbt dann ab. Im Kübel ist allerdings kaum eine Blüte zu erwarten.
Vermehrt werden diese Pflanzen durch Kindel oder Aussaat. Die Kindel werden nach dem Abtrocknen in sandige Erde gepflanzt.
Im Sommer lieben sie sonnige, luftige Standorte. Sie müssen reichlich gegossen und wöchentlich gedüngt werden. Alle drei Jahre wird im März umgetopft.
Im Herbst stellt man das Gießen langsam ein. Während des Winters muß man Agaven trocken und bei Temperaturen von 5 °C halten.

Akazie (Falsche Mimose)
Acacia dealbata

Sie ist in Australien und Afrika beheimatet. Im Herbst wird ausgesät. Die jungen Pflanzen werden bei 18–20 °C weiterkultiviert. Umgetopft wird im Mai.
Während der Sommermonate muß reichlich mit kalkarmem Wasser gegossen werden. Gedüngt wird von Juni bis August. Im Winter dürfen Akazien nur wenig gegossen und bei 4–10 °C kultiviert werden.

Albizie (Schirmakazie)
Albizzia jubibrissim

Sie ist in Asien, Afrika und Australien beheimatet.
Albizien benötigen im Sommer viel kalkfreies Wasser, jedoch weder stauende Nässe noch Ballentrockenheit wird vertragen. Bis August wird wöchentlich gedüngt. Im Winter darf nur wenig gegossen werden. Die Pflanzen müssen dann bei 4–10 °C in hellen und luftigen Räumen gehalten werden.

Aloe (Bitterschopf)
Aloë

Diese Pflanze stammt aus Afrika.
Sie kann durch Ausläufer, Seitensprosse, Samen und Blattstecklinge vermehrt werden. Um Blattstecklinge zu gewinnen, wird das Blatt an der dicksten Stelle durchgeschnitten. Die beiden Blatteile lagert man dann trocken, luftig und halbschattig, bis sich an der Schnittstelle neue Pflanzengewebe bilden. Dann werden sie in Sand gesteckt.

Die Aloe braucht im Sommer viel Wasser, eine gute Drainage und nahrhafte Erde. Sie wird von Mai bis Juli gedüngt. Im Winter muß die Pflanze bei 5 °C gehalten werden.

Alpenrose (Azalee)
Rhododendron obtusum und R. simsii

Die Azalee stammt aus Eurasien und gehört zu den Heidekrautgewächsen. Wir kennen heute sehr viele Kreuzungen (über 2 000 Sorten).
Ende Mai bis September werden sie draußen im Halbschatten kultiviert. Bis Juli müssen Azaleen wöchentlich gedüngt werden. Ab August besprüht man die Pflanzen oft und stellt sie an einen sonnigen Standort. Zum Knospenansatz sind mehrere Wochen während der Sommermonate mit Temperaturen von mindestens 20 °C erforderlich.
Ab Oktober erscheinen die Knospen. Dann sind ein heller Standort, Temperaturen von 10 °C und eine Düngung alle zwei Wochen nötig.
Während der Blüte wird bei 10–15 °C kultiviert und reichlich gegossen. Alle zwei Wochen stellt man die Pflanzen zusätzlich 30 Minuten lang bis zum Topfrand in Wasser. Nach der Blüte werden sie kühler weiterkultiviert.

Aukube (Goldorange)
Aucuba japonica

Diese haltbare Blattpflanze stammt aus Asien. Im Weinklima kann man sie ganzjährig im Freien halten.
Ab März wird gewässert und bis August wöchentlich gedüngt. Im Winter sind 5 °C und ein heller, luftiger Standort nötig.

Australheide
Epacris

Ihre Heimat ist Australien.
Sie wird durch Stecklinge, die im August, September oder nach der Blüte gewonnen werden, vermehrt. Bei 18 °C bewurzeln diese nach sechs bis acht Wochen.
Die Pflanzen werden in sandiger Heideerde kultiviert, mit kalkfreiem Wasser gegossen und bevorzugen einen luftigen, kühlen Standort im Freien.
Die Wintertemperaturen sollten bei 5 °C liegen.

Australische Silbereiche
Grevillea robusta

Sie stammt aus Australien und besitzt farnähnlich gefiederte Blätter.
Vermehrt wird durch Aussaat von Januar bis Februar bei Temperaturen von 18 °C. Es muß schwere Erde verwendet werden.

Alpenrose oder Azalee, hier Rhododendron simsii

Im Sommer wird im Freien kultiviert. Man muß jedoch darauf achten, daß die Pflanze vor der Mittags- und Nachmittagssonne geschützt wird.
Es sollte gleichmäßig gegossen und gedüngt werden.
Jährlich im Juni oder Juli wird in sandige Rasenerde umgetopft. Eine gute Drainage ist dabei sehr wichtig.
Im Winter muß man sehr vorsichtig gießen und bei 10 °C kultivieren.

Drachenbaum
Dracaena draco

Seine Heimat ist Afrika.
Er ist unempfindlich und kann kalt oder warm überwintert werden (10 °C). Vermehrt wird er durch Samen.

Duftblüte
Osmanthus heterophyllus

Diese Pflanze stammt aus Japan. Sie wächst aufrecht und kugelig, besitzt kleine, ovale, gezähnte Blätter, die oben dunkelgrün und unten gelbgrün sind. Die Duftblüte blüht weiß von August bis Oktober und duftet. Die Früchte sind blau.
Vermehrt wird diese Pflanze durch Stecklinge im August oder Januar.
Die Duftblüte braucht im Sommer viel Wasser.
Im Winter hält man die Pflanze kühler (5 °C) und trockener.

Eukalyptus
Eucalyptus

Dieses kalkfeindliche Myrtengewächs ist in Australien beheimatet. Die Pflanze ist sehr dekorativ und duftet.

Der Eukalyptus gehört zu den Myrthengewächsen.

Ausgesät wird von Januar bis Februar in Einheitserde. Die Keimlinge brauchen ungefähr 20 °C.
Während des Wachstums benötigt der Eukalyptus viel Wasser.
Im Winter sind Temperaturen zwischen 5 und 10 °C nötig.

Furcraea
(Agavengewächs)

Diese dekorative Pflanze aus Südamerika ist stammlos oder stammbildend.
Im Sommer kultiviert man im Freien.
Im Winter sind 10 °C und ein heller Standort erforderlich.

Kassie
Cassia corymbosa

Diese Pflanze stammt aus den Tropen und Subtropen und gehört zu den Hülsenfrüchten. Die gelben Blüten erscheinen von Juli bis September.
Im Sommer sollte sie sonnig stehen und reichlich gewässert werden.
Während der Wintermonate muß man die Pflanzen bei 5–10 °C kultivieren.

Keulenlilie
Cordyline fruticosa

Im Sommer wird im Halbschatten kultiviert und reichlich gegossen und gedüngt.
Die Überwinterung sollte bei 2–10 °C stattfinden.

Kirschlorbeer
Prunus laurocerasus

Diese dekorative Blattpflanze aus Kleinasien besitzt ledrige, glänzende Blätter und unscheinbare Blüten.
Vermehrt wird durch halbreife Stecklinge. Die Kultur ist anspruchslos. Während des Wachstums muß reichlich gegossen und gedüngt werden.
Im Winter muß man die Pflanzen ballenfeucht halten. In milden Klimaten kann sie auch draußen überwintert werden.

Klebsame
Pittosporum tobira, P. crassifolium, P. undulatum

Diese Pflanzen stammen aus der östlichen Hemisphäre.
Man vermehrt sie durch Stecklinge Ende August oder durch halbreife Sprosse.

Sie liebt einen sonnigen, luftigen Standort und muß gleichmäßig feucht gehalten werden.
Im Winter sollte der Klebsame hell und bei Temperaturen von 5–7 °C stehen.

Korallenstrauch
Erythrina crista-galli

Diese Hülsenfrucht stammt aus den Tropen und Subtropen. Sie hat einen stacheligen Stamm mit herrlichen roten Blütentrauben und Fiederblättchen.
Man kann sie durch Abrisse im April/Mai vermehren. Diese müssen warm kultiviert werden. Auch durch Samen lassen sie sich vermehren. Dann blühen sie allerdings erst nach vier Jahren.
Der Korallenstrauch braucht humushaltige Lehmerde. Er wird in voller Sonne mit viel Wasser und Dünger kultiviert. Vor den ersten Frösten muß man ihn einräumen. Dazu werden die Triebe dicht am Stamm abgeschnitten.
Von Oktober bis April muß eine strenge Ruhezeit eingehalten werden. Während dieser Zeit wird die Pflanze vollkommen trocken gehalten. Nach dem Austrieb stellt man sie heller, luftiger und gießt mehr.

Lorbeerbaum
Laurus nobilis, L. azorica

Diese dekorative Pflanze wird oft in Form geschnitten. Im Sommer muß viel gegossen, gedüngt und gesprüht werden. Ab September stellt man diese Maßnahmen langsam ein.
Während der Wintermonate wird nur der Ballen feucht gehalten. Die Temperaturen sollten ungefähr bei 5 °C liegen.

Magnolie
Magnolia grandiflora

Diese sehr dekorative Pflanze liebt den Halbschatten. Sie besitzt große, ledrige, unten rostrote Blätter und große weiße Blüten, die von Juni bis September erscheinen. Sie wird in lehmiger Humuserde kultiviert, reichlich gegossen und gedüngt. Im Winter hält man den Ballen feucht und kultiviert bei 5 °C.

Myrte
Myrtus communis

Diese immergrüne, attraktive Pflanze stammt aus dem Mittelmeergebiet. Sie besitzt duftende Blätter. Wir kennen viele Sorten. Im Sommer wird mit kalkfreiem Wasser gegossen und gesprüht. Es muß gut gedüngt werden. Im Winter kultiviert man trocken und frostfrei.

Neuseeländer Flachs
Phormium tenax

Diese immergrüne Pflanze besitzt lange Blätter mit roten Rändern und Kielen, gelbe bis rote Blüten und einen 3 m hohen Schaft. Wir kennen viele Formen. Vermehrt wird durch Teilung. Von Juni bis September wird reichlich gewässert und wöchentlich gedüngt. Im Winter muß man die Pflanze trockener halten. Sie wird hell gestellt und verlangt Temperaturen von 5–10 °C.

Oleander
Nerium oleander

Der Oleander gehört zu den Hundsgiftgewächsen und ist ein Strauch mit lanzettlichen Blättern und rosa Blüten. Die Kultursorten blühen in allen Farben. Vermehrt wird er durch Stecklinge, die von März bis Oktober gewonnen und in Wasser oder Sand herangezogen werden. Von April bis September muß man reichlich wässern und düngen. Alle drei bis fünf Jahre wird verpflanzt, dabei muß der Ballen verkleinert werden. Von Oktober bis Februar kultiviert man die Pflanzen trocken und frostfrei.

Palmlilie
Yucca aloifolia, Y. gloriosa, Y. recurvifolia

Diese Pflanzen besitzen einen rostigen Stamm mit Blattschopf. Der Blütenstand ist eine schellenbaumartige Rispe mit großen, glockenförmigen, weißen, duftenden Blüten. Bisweilen bleibt die Blüte aus. Vermehrt wird sie durch Wurzelausläufer, die in sandiger Humuserde kultiviert werden. Im Sommer wollen diese Gewächse sonnig, luftig und gleichmäßig feucht gehalten werden. Es wird wöchentlich gedüngt. Kalk vertragen diese Pflanzen gut. Im Winter werden sie hell und kühl kultiviert. Sie sind empfindlich gegen stauende Nässe. Faulstellen werden mit Holzkohle gepudert.

Spindelstrauch
Euonymus japonicus

Dieser beliebte, 160 cm hohe Blattstrauch aus Japan ziert durch Blatt und Blüte. Vermehrt wird durch Stecklinge von

Februar bis März oder von August bis Oktober.
Während des Sommers wird reichlich gewässert und wöchentlich gedüngt. Im März pflanzt man um.
Im Winter wird frostfrei kultiviert, im Weinbauklima kann die Pflanze auch im Freien stehenbleiben.

Stechapfel
Datura sanguinea, D. suaveolens

Diese schön blühende, duftende Dekorationspflanze kann auch als Hochstamm gezogen werden.
Sie wird durch krautige Stecklinge im Februar vermehrt.
Im Sommer düngt man ein- bis zweimal pro Woche und kultiviert voll sonnig. Man sollte Stechäpfel öfter stutzen.

Sie müssen frostfrei und hell überwintert werden.

Wandelröschen
Lantana camara

Dieses lang blühende Gewächs kann man in jeder Größe halten. Es ist auch sehr schön als Hochstamm.
Vermehrt wird das Wandelröschen durch Stecklinge, die im August, September oder im Frühjahr gewonnen werden.
Ab Mai vertragen sie volle Sonne und wollen gleichmäßig feucht gehalten werden. Man sollte nur mäßig düngen. Umgepflanzt wird von Februar bis Juni.
Im Winter werden sie frostfrei und trockener gehalten.

Der Stechapfel gehört zu den eindrucksvollsten Kübelpflanzen.

Zylinderputzer
Callistemon

Diese anspruchsvolle Pflanze stammt aus Australien.
Sie wird durch Abrisse, die von August bis März bei 18 °C in Sand bewurzelt werden, vermehrt. Nach der Wurzelbildung (nach etwa vier Wochen) sollte die Temperatur auf 15 °C gesenkt werden. Im Sommer wird reichlich mit kalkfreiem Wasser gegossen und wöchentlich gedüngt. Den Zylinderputzer kultiviert man in kalkarmer Erde. Er wird alle zwei Jahre im Februar/März umgetopft. Im Winter muß er bei Temperaturen zwischen 5–8 °C gehalten werden.

Palmen, die grüne Pracht

Die Palmen kommen wieder in Mode. Immer mehr Pflanzenfreunde erinnern sich der großen Palmenfamilie, die in den Tropen und Subtropen über 2 600 Arten zählt.

Allgemeine Kulturhinweise für Palmen

Im Wachstum (Februar bis September) muß man reichlich mit weichem, zimmerwarmem Wasser gießen, wöchentlich düngen, wiederholt besprühen und die Blattwedel feucht abwischen.
Umgetopft wird im März/April in nicht viel größere Gefäße. Man muß für eine gute Drainage sorgen; lehmhaltige Erde ist notwendig. Es wird wenig gegossen, bis nach etwa vier Wochen die Wurzelbildung stattgefunden hat.
Im Winter wird weniger gegossen und bei niedrigeren Temperaturen kultiviert.
Palmen für die kühle Überwinterung werden folgend aufgelistet.

Brahea
Brahea dulcis

Sie stammt aus Mexiko, wächst langsam und wird im Sommer im Freien kultiviert. Im Winter muß sie frostfrei und hell gehalten werden.

Echte Dattelpalme
Phoenix dactylifera

Sie stammt aus Afrika und wird ähnlich wie die Kanarische Dattelpalme verwendet und kultiviert.

Kanarische Dattelpalme
Phoenix canariensis

Ihre Heimat sind die Kanarischen Inseln. Diese sehr harte Art ist schon als junge Pflanze für den Kübel geeignet. Im Sommer verträgt sie volle Sonne. Sie wird frostfrei und hell überwintert.

Hanfpalme
Trachycarpus fortunei

Ihre Heimat ist Südchina. Sie ist sehr hart und verträgt sogar etwas Frost.

Steckenpalme
Rhapis excelsa

Sie stammt aus China.
Vermehrt wird sie durch Ausläufer.
Im Sommer wird im Freien kultiviert. Die Überwinterung muß frostfrei und hell sein.

Hanfpalme (Trachycarpus fortunei)

Washington-Palme
Washingtonia filifera, W. robusta

Ihre Heimat ist Kalifornien. Die Kultur ist ähnlich der der Zwergpalme.

Zwergpalme
Chamaerops humilis

Ihre Heimat ist das Mittelmeergebiet. Wir kennen viele Sorten.
Im Sommer wird im Freien kultiviert. Die Überwinterung muß frostfrei, hell und luftig sein.

Fleischfressende Pflanzen

Diese Pflanzen wachsen meist auf armen Böden, ihr Standort ist feucht (Sumpf, Moor oder Regenwald). Sie fangen zusätzlich zu den Bodennährstoffen kleine Tiere mit Hilfe besonderer Fangeinrichtungen und verdauen sie unter Ausscheidung von Verdauungssäften.
Die meisten dieser Pflanzen sind im Kalthaus zu halten, nur der Kannenstrauch (Nepenthes) und tropische Arten des Fettkrautes (Pinguicula) gedeihen im Warmhaus.

Fleischfressende Pflanzen sind:
Fettkraut – Pinguicula alpina, P. grandiflora, P. gypsicola;
Kesselfalle – Cephalothus follicularis;
Kobrapflanze – Darlingtonia californica;
Lusitanisches Taublatt – Drosophyllum lusitanicum;
Schlauchpflanze – Sarracenia flava, S. purpurea;
Sonnentau – Drosera binata, D. capensis, D. pygmaea, D. spathulata und
Venusfliegenfalle – Dionaea muscipula.

Sukkulenten unter Glas und Folie

Unter sukkulenten Pflanzen versteht man Saftpflanzen, auch Fettpflanzen, die vorwiegend in Wüsten- und Steppengebieten beheimatet sind. Sie haben Organe, in denen das Wasser gespeichert wird.
Man unterscheidet:
Blattsukkulenten, wie zum Beispiel Agave, Aloe, Dickblatt- und Eiskrautgewächse;
Stammsukkulenten, wie beispielsweise Kakteen, sukkulente Arten der Cruciferen (Kreuzblütlergewächse) und Wolfsmilchgewächse (Euphorbiaceen) und Wurzelsukkulenten, wie zum Beispiel viele Arten des Sauerklees (Oxalidaceen).
Von wenigen Ausnahmen abgesehen sind sukkulente Pflanzen der tropischen und subtropischen Gebiete von der Überwinterung im Frühbeet oder im Folienhaus ausgeschlossen.

Bezugsquellen

Frühbeete

Ing. G. Beckmann KG
Simoniusstraße 10
7988 Wangen/Allgäu

Drebinger Gartenbedarf
Sulzbacher Straße 88
8500 Nürnberg 20

Wolf Engel
Moorweg 22
8069 Rohrbach/Ilm

Federsen Gewächshaus Importgesell-
schaft mbH & Co. KG
Blankeneser Bahnhofstraße 60
2000 Hamburg 55

Kuno Krieger, Gewächshäuser, Wintergärten
Gahlenfeldstraße 5
5804 Herdecke/Ruhr

Georg Mez GmbH & Co. KG
Postfach 5063
7410 Reutlingen 2

mewaplast GmbH & Co. KG,
Ing. H. Wüster
Postfach 173
A-6460 Imst/Tirol
Vertrieb Deutschland Süd:
Bahnhofstraße 31
8100 Garmisch-Partenkirchen
Vertrieb Deutschland Nord:
Gadderbaumer Straße 15b
4800 Bielefeld

Arnold Neher, Fenstertechnik GmbH
Jäuchstraße 8
7211 Frittlingen

C. Richter
Biburgerstraße 30
8901 Rommelsried

Karl Richter
Großhardener Straße 24
8000 München 70

Erich Schumm GmbH
Postfach 1120
7157 Murrhardt

E. & R. Stolte GmbH
Nährweg 4–5
2840 Diepholz 1

Wilhelm Terlinden GmbH
Bruchweg
4232 Xanten Ortsteil Birten

Vöroka Kunststoff-Verarbeitung,
Willi Völkle
Binsbachweg 1–4
7519 Eppingen-Mühlbach

G. Voss GmbH & Co. KG
Niederolmer Straße 10
6501 Zornheim

Josef Weiss Plastic GmbH & Co. KG
Postfach 90 07 65
8000 München 90

Folientunnel

Ing. G. Beckmann KG
Simoniusstraße 10
7988 Wangen/Allgäu

Drebinger Gartenbedarf
Sulzbacher Straße 88
8500 Nürnberg 20

Wolf Engel
Moorweg 22
8069 Rohrbach/Ilm

Euflor GmbH für Gartenbedarf
Postfach 20 03 25
8000 München 19

mewaplast GmbH & Co. KG,
Ing. H. Wüster
Postfach 173
A-6460 Imst/Tirol

Vertrieb Deutschland Süd:
Bahnhofstraße 31
8100 Garmisch-Partenkirchen
Vertrieb Deutschland Nord:
Gadderbaumer Straße 15b
4800 Bielefeld

W. Neudorff
Postfach 1209
3254 Emmerthal

Perrot-Regnerbau GmbH & Co.
Postfach 13 52
7260 Calw

E. & R. Stolte GmbH
Nährweg 4–5
2840 Diepholz 1

Wilhelm Terlinden GmbH
Bruchweg
4232 Xanten Ortsteil Birten

Foliengewächshäuser

Ing. G. Beckmann KG
Simoniusstraße 10
7988 Wangen/Allgäu

Ewald Dörken
Postfach 163
5804 Herdecke/Ruhr

Drebinger Gartenbedarf
Sulzbacher Straße 88
8500 Nürnberg 20

Wolf Engel
Moorweg 22
8069 Rohrbach/Ilm

Kuno Krieger, Gewächshäuser, Wintergärten
Gahlenfeldstr. 5
5904 Herdecke/Ruhr

Friedrich Scharr OHG
Liebknechtstraße 50
7000 Stuttgart 80

Wilhelm Terlinden GmbH
Bruchweg
4232 Xanten Ortsteil Birten

Josef Weiss Plastic GmbH & Co. KG
Postfach 90 07 65
8000 München 90

Folien und Vliese

Drebinger Gartenbedarf
Sulzbacher Straße 88
8500 Nürnberg 20

Euflor GmbH für Gartenbedarf
Postfach 20 03 25
8000 München 19

(Hersteller der Sabro-Folien:
Farbromont AG
CH-3185 Schmitten)

Erich Schumm GmbH
Postfach 1120
7157 Murrhardt

Zubehör

Ing. G. Beckmann KG
Simoniusstraße 10
7988 Wangen/Allgäu
(u. a. Beta-Solar-Schläuche)

Drebinger Gartenbedarf
Sulzbacher Straße 88
8500 Nürnberg

Euflor GmbH für Gartenbedarf
Postfach 20 03 25
8000 München 19

Kuno Krieger
Gewächshäuser, Wintergärten
Gahlenfeldstraße 5
5804 Herdecke/Ruhr

mewaplast GmbH & Co. KG,
Ing. H. Wüster
Postfach 173
A-6460 Imst/Tirol
Vertrieb Deutschland Süd:
Bahnhofstraße 31
8100 Garmisch-Partenkirchen
Vertrieb Deutschland Nord:
Gadderbaumer Straße 15b
4800 Bielefeld

Georg Mez GmbH & Co. KG
Postfach 5063
7410 Reutlingen 2

W. Neudorff
Postfach 1209
3254 Emmerthal

Erich Schumm GmbH
Postfach 1120
7157 Murrhardt

Register

Gesamt-Programm

Essen und Trinken

Köstliche Suppen
für jede Tages- und Jahreszeit. (5122)
Von E. Fuhrmann, 64 S., 38 Farbfotos,
2 Zeichnungen, Pappband.
DM 14,80/S 119.–

Kochen, was allen schmeckt
1700 Koch- und Backrezepte für jede
Gelegenheit. (4098) Von A. und
G. Eckert, 796 S., 60 Farbtafeln,
Pappband. **DM 29,80**/S 239.–

Brunos beste Rezepte
– rund ums Jahr (4154) Von B. Henrich,
136 S., 15 Farbfotos, kart.
DM 14,80/S 119.–

Was koche ich heute?
Neue Rezepte für Fix-Gerichte. (0608)
Von A. Badelt-Vogt, 112 S., 16 Farbtafeln,
kart. **DM 9,80**/S 79,–

Kochen für 1 Person
Rationell wirtschaften, abwechslungsreich und schmackhaft zubereiten.
(0586) Von M. Nicolin, 136 S., 8 Farbtafeln, 23 Zeichnungen, kart.
DM 9,80/S 79.–

Gesunde Kost aus dem Römertopf
(0442) Von J. Kramer, 128 S., 8 Farbtafeln, 13 Zeichnungen, kart.
DM 8,80/S 74.–

Nudelgerichte
– lecker, locker, leicht zu kochen. (0466)
Von C. Stephan, 80 S., 8 Farbtafeln, kart.
DM 7,80/S 69.–

Lieblingsrezepte
Phantasievoll zubereitet und originell
dekoriert. (4234) Hrsg. P. Diller. 160 S.,
120 Farbfotos, 34 Zeichnungen, Pappband. **DM 24,80**/S 198,–

Was Männer gerne essen
Leibgerichte
(2216) Von C. Arius, 80 S., 55 Farbabb.,
Pappband. **DM 9,80**/S 85.–

Omas Küche und unsere Küche heute
(4089) Von J. P. Lemcke, 160 S., 8 Farbtafeln, 95 Zeichnungen, Pappband.
DM 24,80/S 198.–

Die besten Eintöpfe und Aufläufe
Das Beste aus den Kochtöpfen der Welt.
(5079) Von A. und G. Eckert, 64 S.,
50 Farbfotos, Pappband.
DM 14,80/S 119.–

FALKEN-FEINSCHMECKER
Herzhaftes für Leib und Seele
Eintöpfe
(0820) Von P. Klein, 48 S., 30 Farbfotos,
Pappband. **DM 9,80**/S 79.–

Schnell und gut gekocht
Die tollsten Rezepte für den Schnell-
kochtopf. (0265) Von J. Ley, 96 S.,
8 Farbtafeln, kart. **DM 7,80**/S 69.–

Kochen und backen im Heißluftherd
Vorteile, Gebrauchsanleitung, Rezepte.
(0516) Von K. Kölner, 72 S., 8 Farbtafeln,
kart. **DM 9,80**/S 69.–

Das neue Mikrowellen-Kochbuch
(0434) Von H. Neu, 64 S., 4 Farbtafeln,
16 s/w-Zeichnungen, kart.
DM 6,80/S 59.–

Ganz und gar mit Mikrowellen
(4094) Von T. Peters, 208 S., 24 Farbfotos, 12 Zeichnungen, kart.
DM 29,80/ S 239.–

FALKEN-FEINSCHMECKER
Schnell auf den Tisch gezaubert
Kochen mit Mikrowellen
(0818) Von A. Danner, 64 S., 52 Farbfotos, Pappband. **DM 9,80**/S 79.–

Haltbar machen durch
Trocknen und Dörren
Obst, Gemüse, Pilze, Kräuter
(0696) Von M. Bustorf-Hirsch, 32 S.,
42 Farbfotos, Spiralbindung.
DM 7,80/ S 69,–

Marmeladen, Gelees und Konfitüre
Köstlich wie zu Omas Zeiten – einfach
selbstgemacht. (0720) Von M. Gutta,
32 S., 23 Farbfotos, 1 Zeichnung,
Pappband. **DM 7,80**/S 69,–

Einkochen
nach allen Regeln der Kunst. (0405) Von
B. Müller, 128 S., 8 Farbtafeln, kart.
DM 9,80/S 79.–

Einkochen, Einlegen, Einfrieren
(4055) Von B. Müller, 27 s/w.-Abb., kart.
DM 14,80/S 119.–

Das neue Fritieren
geruchlos, schmackhaft und gesund.
(0365) Von P. Kühne, 96 S., 8 Farbtafeln,
kart. **DM 7,80**/S 69.–

Weltmeister-Soßen
Die Krönung der feinen Küche. (0357)
Von G. Cavestri, 96 S., 4 Farbtafeln,
80 Zeichnungen, kart. **DM 9,80**/S 79.–

FALKEN-FEINSCHMECKER
Die Krönung der feinen Küche
Saucen
(0817) Von G. Cavestri, 48 S., 40 Farbfotos, Pappband. **DM 9,80**/S 79.–

Wildgerichte
einfach bis raffiniert. (5115) Von M.
Gutta, 64 S., 43 Farbfotos, Pappband.
DM 14,80/S 119.–

Geflügel
Die besten Rezepte aus aller Welt. (5050)
Von M. Gutta, 64 S., 32 Farbfotos, Papp-
band. **DM 14,80**/S 119.–

Mehr Freude und Erfolg beim **Grillen**
(4141) Von A. Berliner, 160 S., 147 Farbfotos, 10 farbige Zeichnungen, Pappband. **DM 24,80**/S 198.–

Grillen
Fleisch · Fisch · Beilagen · Soßen. (5001)
Von E. Fuhrmann, 64 S., 38 Farbfotos,
Pappband. **DM 14,80**/S 119,–

Chinesisch kochen
Schmackhafte Rezepte für die abwechs-
lungsreiche Küche. (5011) Von A. und G.
Eckert, 64 S., 57 Farbfotos, Pappband.
DM 14,80/S 119.–

Chinesisch kochen
mit dem Wok-Topf und dem Mongolen-
Topf. (0557) Von C. Korn, 64 S., 8 Farbtafeln, kart. **DM 7,80**/S 69.–

Schlemmerreise durch die
Chinesische Küche
(4184) Von Kuo Huey Jen, 160 S.,
117 Farbfotos, Pappband.
DM 24,80/S 198,–

Ostasiatische Küche
schmackhaft, bekömmlich und vielseitig.
(5066) Von T. Sozuki, 64 S., 39 Farbfotos,
Pappband. **DM 14,80**/S 119.–

Nordische Küche
Speisen und Getränke von der Küste.
(5082) Von J. Kürtz, 64 S., 44 Farbfotos,
Pappband. **DM 14,80**/S 119.–

Deutsche Küche
Schmackhafte Gerichte von der Nordsee
bis zu den Alpen. (5025) Von E. Fuhrmann, 64 S., 52 Farbfotos, Pappband.
DM 14,80/S 119.–

Essen in Hessen
Spezialitäten zwischen Schwalm und
Odenwald
(0837) Von R. Witt, 120 S.,
10 s/w-Zeichnungen, Pappband.
DM 12,80/ S 99.–

Französisch kochen
Eine kulinarische Reise durch Frankreich.
(5016) Von M. Gutta, 64 S., 35 Farbfotos, Pappband. **DM 14,80**/S 114.–

Französische Küche
(0685) Von M. Gutta, 96 S., 16 Farbtafeln, kart. **DM 8,80**/S 74.–

**Französische Spezialitäten aus dem
Backofen**
Herzhafte Tartes und Quiches mit Fleisch,
Fisch, Gemüse und Käse
(5146) Von P. Klein, 64 S., 43 Farbfotos,
Pappband. **DM 16,80**/139,–

Kochen und würzen mit **Knoblauch**
(0725) Von A. und G. Eckert, 96 S.,
8 Farbtafeln, kart. **DM 7,80**/S 69,–

Schlemmerreise durch die
Italienische Küche
(4172) Von V. Piffert. 160 S., 109 Farbfotos, Pappband. **DM 24,80**/S 198,–

Italienische Küche
Ein kulinarischer Streifzug mit regionalen
Spezialitäten. (5026) Von M. Gutta,
64 S., 35 Farbfotos, Pappband.
DM 14,80/S 119.–

Portugiesische Küche und Weine
Kulinarische Reise durch Portugal.
(0607) Von E. Kasten, 96 S., 16 Farbtafeln, kart. **DM 9,80**/S 79.–

Köstliche Pizzas, Toasts, Pasteten
Schmackhafte Gerichte schnell zubereitet.
(5081) Von A. und G. Eckert, 64 S.,
46 Farbfotos, Pappband.
DM 14,80/S 119.–

FALKEN-FEINSCHMECKER
Schlemmen wie bei Mamma Maria
Pizzas
(0815) Von F. Faist, 64 S., 62 Farbfotos,
Pappband. **DM 9,80**/S 79.–

Köstliche Pilzgerichte
Rezepte für die meistvorkommenden
Speisepilze. (5133) Von V. Spicker-Noack,
M. Knoop, 64 S., 52 Farbfotos, Papp-
band. **DM 14,80**/S 119.–

Am Tisch zubereitet
Fondues, Raclettes, Flambieren. (4152)
Von I. Otto, 208 S., 12 Farbtafeln, 17 s/w-
Fotos, Pappband. **DM 24,80**/S 198.–

Köstliche Fondues
mit Fleisch, Geflügel, Fisch, Käse, Gemüse und Süßem. (5006) Von E. Fuhrmann,
64 S., 50 Farbfotos, Pappband.
DM 14,80/S 119.–

Fondues
und fritierte Leckerbissen. (0471) Von
S. Stein, 96 S., 8 Farbtafeln, kart.
DM 6,80/S 59.–

Postfach 1120 · D-6272 Niedernhausen/Ts.   Tel. 0 61 27 / 70 20 · Telex 4186585 fves d

Fondues · Raclettes · Flambiertes
(4081) Von R. Peiler und M.-L. Schult, 136 S., 15 Farbtafeln, 28 Zeichnungen, kart. **DM 14,80/S 119.–**

Neue, raffinierte Rezepte mit dem Raclette-Grill
(0558) Von L. Helger, 56 S., 8 Farbtafeln, kart. **DM 7,80/S 69.–**

Rezepte rund um Raclette und Hobby-Rechaud
(0420) Von J. W. Hochscheid, 72 S., 8 Farbtafeln, kart. **DM 7,80/S 69.–**

Fondues und Raclettes
(4253) Von F. Faist, 160 S., 125 Farbfotos, Pappband. **DM 24,80/S 198.–**

Kochen und Würzen mit
Paprika
(0792) Von A. u. G. Eckert, 88 S., 8 Farbtafeln, kart. **DM 8,80/S 74,–**

Kleine Kalte Küche
für Alltag und Feste. (5097) Von A. und G. Eckert, 64 S., 45 Farbfotos, Pappband. **DM 12,80/S 99.–**

Kalte Platten – Kalte Büfetts
rustikal bis raffiniert. (5015) Von M. Gutta, 64 S., 34 Farbtafeln, Pappband. **DM 14,80/S 119.–**

Kalte Happen und Partysnacks
Canapés, Sandwiches, Pastetchen, Salate und Suppen. (5029) Von D. Peters, 64 S., 44 Farbfotos, Pappband. **DM 14,80/S 119.–**

Garnieren und Verzieren
(4236) Von R. Biller, 160 S., 329 Farbfotos, 57 Zeichnungen, Pappband. **DM 24,80/S 198,–**

Desserts
Puddings, Joghurts, Fruchtsalate, Eis, Gebäck, Getränke. (5020) Von M. Gutta, 64 S., 41 Farbfotos, Pappband. **DM 14,80/S 119.–**

Crêpes, Omeletts und Soufflés
Pikante und süße Spezialitäten. (5131) Von J. Rosenkranz, 64 S., 45 Farbfotos, Pappband. **DM 14,80/S 119.–**

Backen
(4113) Von M. Gutta, 240 S., 123 Farbfotos, Pappband. **DM 48,–/S 398.–**

Kuchen und Torten
Die besten und beliebtesten Rezepte. (5067) Von M. Sauerborn, 64 S., 79 Farbfotos, Pappband. **DM 14,80/S 119.–**

Tortenträume und Kuchenfantasien
Gebackene Köstlichkeiten originell dekoriert und serviert
(0823) Von F. Faist, 80 S., 150 Farbfotos, kart. **DM 19,80/S 159.–**

Schönes Hobby Backen
Erprobte Rezepte mit modernen Backformen. (0451) Von E. Blome, 96 S., 8 Farbtafeln, kart. **DM 7,80/S 69.–**

Backen, was allen schmeckt
Kuchen, Torten, Gebäck und Brot. (4166) Von E. Blome, 556 S., 40 Farbtafeln, Pappband. **DM 24,80/S 198,–**

Meine Vollkornbackstube
Brot · Kuchen · Aufläufe. (0616) Von R. Raffelt, 96 S., 4 Farbtafeln, 12 Zeichnungen, kart. **DM 6,80/S 59.–**

FALKEN-FEINSCHMECKER
Mit Körnern, Zimt und Mandelkern
Vollkorngebäck
(0816) Von M. Bustorf-Hirsch, 48 S., 39 Farbfotos, Pappband.
DM 9,80/ S 79.–

Biologisch Backen
Neue Rezeptideen für Kuchen, Brote, Kleingebäck aus vollem Korn. (4174) Von M. Bustorf-Hirsch, 136 S., 15 Farbtafeln, 47 Zeichnungen, kart. **DM 14,80/S 119,–**

Selbst Brotbacken
Über 50 erprobte Rezepte. (0370) Von J. Schiermann, 80 S., 6 Zeichnungen, 4 Farbtafeln, kart. **DM 6,80/S 59.–**

Mehr Freude und Erfolg beim
Brotbacken
(4148) Von A. und G. Eckert, 160 S., 177 Farbfotos, Pappband.
DM 24,80/S 198,–

Brotspezialitäten
knusprig backen – herzhaft kochen. (5088) Von J. W. Hochscheid und L. Helger, 64 S., 48 Farbfotos, Pappband. **DM 14,80/S 119.–**

Weihnachtsbäckerei
Köstliche Plätzchen, Stollen, Honigkuchen und Festtagstorten. (0682) Von M. Sauerborn, 32 S., 36 Farbfotos, Pappband. **DM 7,80/S 69.–**

Waffeln
süß und pikant. (0522) Von C. Stephan, 64 S., 8 Farbtafeln, kart.
DM 6,80/S 59.–

Kochen für Diabetiker
Gesund und schmackhaft für die ganze Familie. (4132) Von M. Toeller, W. Schumacher, A. C. Groote, 224 S., 109 Farbfotos, 94 Zeichnungen, Pappband. **DM 29,80/S 239.–**

Neue Rezepte für Diabetiker-Diät
Vollwertig – abwechslungsreich – kalorienarm. (0418) Von M. Oehlrich, 120 S., 8 Farbtafeln, kart. **DM 9,80/S 79.–**

Schlemmertips für Figurebewußte
(0680) Von V. Kahn, 64 S., 8 Farbtafeln, kart. **DM 9,80/S 79.–**

Wer schlank ist, lebt gesünder
Tips und Rezepte zum Schlankwerden und -bleiben. (0562) Von R. Mainer, 80 S., 8 Farbtafeln, kart.
DM 8,80/S 74.–

Kalorien – Joule
Eiweiß · Fett · Kohlenhydrate tabellarisch nach gebräuchlichen Mengen. (0374) Von M. Bormio, 88 S., kart.
DM 6.80/59.–

Alles mit Joghurt
tagfrisch selbstgemacht. Mit vielen Rezepten. (0382) Von G. Volz, 88 S., 8 Farbtafeln, kart., **DM 7,80/S 69.–**

Die Brot-Diät
Ein Schlankheitsplan ohne Extreme. (0452) Von Prof. Dr. E. Menden und W. Aign, 92 S., 8 Farbtafeln, kart.,
DM 7,80/S 69.–

Gesund leben – schlank werden mit der
Bio-Kur
(0657) Von S. Winter. 144 S., 4 Farbtafeln, kart. **DM 9,80/S 79.–**

Miekes Kräuter- und Gewürzkochbuch
(0323) Von I. Persy und K. Mieke, 96 S., 8 Farbtafeln, kart. **DM 8,80/S 74,–**

Salate
(4119) Von C. Schönherr, 240 S., 115 Farbfotos, gebunden. **DM 48,–/S 389.–**

Delikate Salate
für alle Gelegenheiten rund um's Jahr. (5002) Von E. Fuhrmann, 64 S., 50 Farbfotos, Pappband. **DM 14,80/S 119.–**

Das köstliche knackige Schlemmervergnügen.
Salate
(4165) Von V. Müller. 160 S., 80 Farbfotos, Pappband. **DM 24,80/S 198,–**

111 köstliche Salate
Erprobte Rezepte mit Pfiff. (0222) Von C. Schönherr, 96 S., 8 Farbtafeln, 30 Zeichnungen, kart. **DM 8,80/S 74.–**

Rohkost
Schmackhafte Gerichte für die gesunde Ernährung. (5044) Von I. Gabriel, 64 S., 53 Farbfotos, Pappband.
DM 14.80/S 119.–

Joghurt, Quark, Käse und Butter
Schmackhaftes aus Milch hausgemacht. (0739) Von M. Bustorf-Hirsch. 32 S., 59 Farbabb., Pappband. **DM 7,80/S 69,–**

Die abwechslungsreiche Vollwertküche
Vitaminreich und naturbelassen kochen und backen. (4229) Von M. Bustorf-Hirsch, K. Siegel, 280 S., 31 Farbtafeln, 78 Zeichnungen, Pappband.
DM 36,–/ S 319,–

Alternativ essen
Die gesunde Sojaküche. (0553) Von U. Kolster, 112 S., 8 Farbtafeln, kart.
DM 9,80/S 79.–

Das Reformhaus-Kochbuch
Gesunde Ernährung mit hochwertigen Naturprodukten. (4180) Von A. u. G. Eckert, 160 S. 15 Farbtafeln, Pappband. **DM 24,80/S 198,–**

Gesund kochen mit Keimen und Sprossen
(0794) Von M. Bustorf-Hirsch, 104 S., 8 Farbtafeln, 13 s/w-Zeichnungen, kart. **DM 8,80/S 79.–**

Die feine Vegetarische Küche
(4235) Von F. Faist, 160 S., 191 Farbfotos, Pappband. **DM 24,80/S 198,–**

Biologische Ernährung
für eine natürliche und gesunde Lebensweise. (4125) Von G. Leibold, 136 S., 15 Farbtafeln, 47 Zeichnungen, kart.
DM 14,80/S 119.–

Gesunde Ernährung für mein Kind
(0776) Von M. Bustorf-Hirsch, 96 S., 8 Farbtafeln, 5 s/w Zeichnungen, kart.
DM 9,80/S 79.–

Vitaminreich und naturbelassen
Biologisch Kochen
(4162) Von M. Bustorf-Hirsch und K. Siegel, 144 S., 15 Farbtafeln, 31 Zeichnungen, kart., **DM 14,80/S 119.–**

Gesund kochen
wasserarm · fettfrei · aromatisch. (4060) Von M. Gutta, 240 S., 16 Farbtafeln, Pappband. **DM 29,80/S 239,–**

Kräuter- und Heilpflanzen-Kochbuch
für eine gesunde Lebensweise. (4066) Von P. Pervenche, 143 S., 15 Farbtafeln, kart. **DM 14,80/S 119.–**

Pralinen und Konfekt
Kleine Köstlichkeiten selbstgemacht. (0731) Von H. Engelke, 32 S., 57 Farbfotos, Pappband. **DM 7,80/S 69.–**

FALKEN-FEINSCHMECKER
Zart schmelzende Versuchungen
Schokolade
(0819) Von J. Schroer, 48 S., 53 Farbfotos, Pappband. **DM 9,80/S 79.–**

Köstlichkeiten für Gäste und Feste
Kalte Platten
(4200) Von I. Pfliegner, 160 S., 130 Farbfotos, Pappband. **DM 24,80/S 198,–**

Die Preise entsprechen dem Status beim Druck dieses

Kochen für Gäste
Köstliche Menüs mit Liebe zubereitet.
(5149) Von R. Wesseler, 64 S., 40 Farbfotos, Pappband. **DM 14,80/S 119,–**

Das richtige Frühstück
Gesunde Vollwertkost vitaminreich und
naturbelassen.
(0784) Von C. Kratzel und R. Böll, 32 S.,
28 Farbfotos, Pappband. **DM 7,80/S 69,–**

Bouce à la carte
Französisch kochen mit dem Meister.
(4237) Von P. Bocuse, 88 S., 218 Farbfotos, Pappband. **DM 19,80/S 159,–**
Auch als Video-Kassette erhältlich

Kochschule mit Paul Bocuse
(6016/VHS, 6017/Video 2000,
6018/Beta), 60 Min. in Farbe
DM 69,–/S 619,–
(unverb. Preisempfehlung)

Natursammlers Kochbuch
Wildfrüchte und Gemüse, Pilze, Kräuter –
finden und zubereiten. (4040) Von
C. M. Kerler, 140 S., 12 Farbtafeln, kart.
DM 19,80/S 159,–

Neue Cocktails und Drinks
mit und ohne Alkohol. (0517) Von
S. Späth, 128 S., 4 Farbtafeln, kart.,
'DM 9,80/S 79,–

Mixgetränke
mit und ohne Alkohol (5017) Von C. Arius,
64 S., 35 Farbfotos, Pappband.
DM 14,80/S 119,–

Cocktails und Mixereien
für häusliche Feste und Feiern. (0075)
Von J. Walker, 96 S., 4 Farbtafeln, kart.
DM 6,80/S 59,–

**Die besten Punsche, Grogs und
Bowlen**
(0575) Von F. Dingden, 64 S., 2 Farbtafeln, kart. **DM 6,80/S 59,–**

Weine und Säfte, Liköre und Sekt
selbstgemacht. (0702) Von P. Arauner,
232 S., 76 Abb., kart. **DM 16,80/S 139,–**

Mitbringsel aus meiner Küche
selbst gemacht und liebevoll verpackt.
(0668) Von C. Schönherr, 32 S., 30 Farbfotos, Pappband. **DM 7,80/S 69,–**

Weinlexikon
Wissenswertes über die Weine der Welt.
(4149) Von U. Keller, 228 S., 6 Farbtafeln, 395 s/w-Fotos, Pappband.
DM 29,80/S 239,–

Köstliches Lebenselixier Wein
(2204) Von H. Steffan, 80 S., 74 Farbfotos u. Zeichnungen, Pappband.
DM 9,80/S 85,–

Von der Romantik der blauen Stunde
Cocktails und Drinks
(2209) Von S. Späth, 80 S., 25 Farbfotos
und Zeichnungen, Pappband.
DM 9,80/S 85,–

Vom Genuß des braunen Goldes
Kaffee
(2213) Von H. Strutzmann, 80 S.,
49 Fotos, Pappband. **DM 9,80/S 85,–**

Heißgeliebter Tee
Sorten, Rezepte und Geschichten. (4114)
Von C. Maronde, 153 S., 16 Farbtafeln,
93 Zeichnungen, gebunden.
DM 26,80/S 218,–

Tee für Genießer.
Sorten · Riten · Rezepte. (0356) Von M.
Nicolin, 64 S., 4 Farbtafeln, kart.
DM 5,80/S 49,–

Tee
Herkunft · Mischungen · Rezepte. (0515)
Von S. Ruske, 96 S., 4 Farbtafeln,
16 s/w Abbildungen, Pappband.
DM 9,80/S 79,–

Vom höchsten Genuß des Teetrinkens
(2201) Von I. Ubenauf, 80 S., 57 Farbfotos u. Zeichnungen, Pappband.
DM 9,80/S 85,–

Kinder lernen spielend backen
(5110) Von M. Gutta, 64 S., 45 Farbfotos,
Pappband. **DM 14,80/S 119,–**

Kinder lernen spielend kochen
Lieblingsgerichte mit viel Spaß selbst
zubereitet. (5096) Von M. Gutta, 64 S.,
45 Farbfotos, Pappband.
DM 14,80/S 119,–

Hobby

Aquarellmalerei
als Kunst und Hobby.
(4147) Von H. Haack und B. Wersche,
136 S., 62 Farbfotos, 119 Zeichnungen,
gebunden **DM 39,–/S 319,–**

Aquarellmalerei
Materialien · Techniken · Motive.
(5099) Von T. Hinz, 64 S., 79 Farbfotos,
Pappband. **DM 14,80/S 119,–**

Aquarellmalerei leicht gelernt
Materialien · Techniken · Motive.
(0787) Von T. Hinz, R. Braun, B. Zeidler,
32 S., 38 Farbfotos, 1 Zeichnung,
DM 7,80/S 69,–

Origami –
Die Kunst des Papierfaltens. (0280)
Von R. Harbin, 160 S., 633 Zeichnungen,
kart. **DM 8,80/S 79,–**

Hobby Origami
Papierfalten für groß und klein.
(0756) Von Z. Aytüre-Scheele, 88 S.,
über 800 Zeichnungen, kart.
DM 19,80/S 159,–

Neue zauberhafte Origami-Ideen
Papierfalten für groß und klein.
(0805) Von Z. Aytüre-Scheele, 80 S.,
720 Farbfotos, kart. **DM 19,80/S 159,–**

Weihnachtsbasteleien
(0667) Von M. Kühnle und S. Beck, 32 S.,
56 Farbfotos, 6 Zeichnungen, Pappband.
DM 7,80/S 69,–

Falken-Handbuch
Zeichnen und Malen
(4167) Von B. Bagnall, 336 S., 1154 Farbabb., Pappband. **DM 68,–/S 549,–**

Naive Malerei
Materialien · Motive · Techniken
(5083) Von F. Krettek, 64 S., 76 Farbfotos, Pappband. **DM 14,80/S 119,–**

Bauernmalerei
als Kunst und Hobby. (4057) Von A. Gast
und H. Stegmüller, 128 S., 239 Farbfotos, 26 Riß-Zeichnungen, Pappband.
DM 39,–/S 319,–

Hobby Bauernmalerei
(0436) Von S. Ramos und J. Roszak,
80 S., 116 Farbfotos und 28 Motivvorlagen, kart. **DM 19,80/S 159,–**

Bauernmalerei
Kreatives Hobby nach alter Volkskunst
(5039) Von S. Ramos, 64 S., 85 Farbfotos, Pappband. **DM 14,80/S 119,–**

Glasmalerei
als Kunst und Hobby. (4088) Von
F. Krettek und S. Beeh-Lustenberger,
132 S., 182 Farbfotos, 38 Motivvorlagen,
Pappband. **DM 39,–/S 319,–**

Naive Hinterglasmalerei
Materialien · Techniken · Bildvorlagen
(5145) Von F. Krettek, 64 S., 87 Farbfotos, 6 Zeichnungen, Pappband.
DM 16,80/S 139,–

Glasritzen
Materialien · Formen · Motive. (5109)
Von G. Mégroz, 64 S., 110 Farbfotos,
15 Zeichnungen, Pappband.
DM 14,80/S 119,–

Kalligraphie
Die Kunst des schönen Schreibens
(4263) Von C. Hartmann, 120 S.,
44 Farbvorlagen, 29 s/w-Zeichnungen,
2 s/w-Zeichnungen, 38 Farbfotos,
Pappband. **DM 49,–/S 398,–**

Kunstvolle Seidenmalerei
Mit zauberhaften Ideen zum Nachgestal-
ten. (0783) Von I. Demharter, 32 S.,
56 Farbfotos, Pappband.
DM 7,80/S 74,–

Zauberhafte Seidenmalerei
Materialien · Techniken · Gestaltungsvorschläge. (0664) Von E. Dorn, 32 S.,
62 Farbfotos, Pappband.
DM 7,80/S 69,–

Hobby Seidenmalerei
(0611) Von R. Henge, 88 S.,
106 Farbfotos, 28 Zeichnungen, kart.
DM 19,80/S 159,–

Hobby Stoffdruck und Stoffmalerei
(0555) Von A. Ursin, 80 S., 68 Farbfotos,
68 Zeichnungen, kart.
DM 19,80/S 159,–

Stoffmalerei und Stoffdruck
Materialien · Techniken · Ideen · Modelle
(5074) Von H. Gehring, 64 S., 110 Farbfotos, Pappband. **DM 14,80/S 119,–**

Batik
leicht gemacht. Materialien ·Färbe-
techniken · Gestaltungsideen. (5112) Von
A. Gast, 64 S., 105 Farbfotos, Pappband.
DM 14,80/S 119,–

Textilfärben
Färben so einfach wie Waschen. (0693)
Von W. Siegrist, P. Schärli, 32 S., 47 Farb-
fotos, 3 Zeichnungen, Spiralbindung.
DM 7,80/S 69,–

Kreatives Bilderweben
Materialien – Vorlagen – Motive
(0814) Von A. Schulte-Huxel, 32 S.,
58 Farbfotos, 8 Zeichnungen, Pappband.
DM 9,80/S 79,–

Schöne Geschenke selbermachen
(4128) Von M. Kühnle, 128 S.,
278 Farbfotos, 85 farbige Zeichnungen,
gebunden. **DM 39,–/S 319,–**

Flechten
mit Bast, Stroh und Peddigrohr. (5098)
Von H. Hangleiter, 64 S., 47 Farbfotos,
76 Zeichnungen, Pappband.
DM 14,80/S 119,–

Makramee
Knüpfarbeiten leicht gemacht. (5075)
Von B. Pröttel, 64 S., 95 Farbfotos,
Pappband. **DM 12,80/S 99,–**

Häkeln und Makramee
Techniken · Geräte · Arbeitsmuster.
(0320) Von M. Stradal, 104 S., 191 Abb.
und Schemata, kart. **DM 6,80/S 59,–**

Falken-Handbuch
Häkeln
ABC der Häkeltechniken und Häkelmuster
in ausführlichen Schritt-für-Schritt-
Bildfolgen.
(4194) Von H. Fuchs, M. Natter, 288 S.,
597 Farbfotos, 476 farbige Zeichnungen,
kart. **DM 39,–/S 319,–**

Häkeln
Schritt für Schritt für Rechts- und Linkshänder. (5134) Von H. Klaus, 64 S., 120 Farbfotos, 144 Zeichnungen, Pappband. **DM 14,80/S 119,–**

Klöppeln
Schritt für Schritt leicht gelernt. (0788) Von U. Seiffer, 32 S., 42 Farb-, 1 s/w-Foto, 25 Zeichnungen, mit Klöppelbriefen, Pappband. **DM 9,80/S 79,–**

Sticken
Schritt für Schritt für Rechts- und Linkshänder. (5135) Von U. Werner, 64 S., 196 Farbfotos, 96 Zeichnungen, Pappband. **DM 14,80/S 119,–**

Monogrammstickerei
Mit Vorlagen für Initialen, Vignetten und Ornamente. (5148) Von H. Fuchs, 64 S., 50 Farbfotos, 50 Zeichnungen, Pappband. **DM 14,80/S 119,–**

Falken-Handbuch **Stricken**
ABC der Stricktechniken und Strickmuster in ausführlichen Schritt-für-Schritt-Bildfolgen. (4137) Von M. Natter, 312 S., 106 Farb- und 922 s/w-Fotos, 318 Zeichnungen, Pappband. **DM 36,–/S 298,–**

Bestrickend schöne Ideen
Pullover, Westen, Ensembles, Jacken
(4178) Von R. Weber, 208 S., 220 Farbfotos, 358 Zeichnungen, Pappband. **DM 29,80/S 239,–**

Chic in Strick
Neue Pullover
Westen · Jacken · Kleider · Ensembles. (4224) Hrsg. R. Weber, 192 S., 255 Farbabb., Pappband. **DM 29,80/S 239,–**

Perfekt Stricken
(4250) Von H. Jaacks, 256 S., 703 Farbfotos, 169 Farb- und 121 s/w-Zeichnungen, Pappband. **DM 29,80/ S 239,–**

Videokassette Stricken
(6007/VHS, 6008/Video 2000, 6009/Beta). Von P. Krolikowski-Habicht, H. Jaacks, 51 Min., in Farbe. **DM 49,80/S 448,–** (unverbindl. Preisempf.)

Stricken
Schritt für Schritt für Rechts- und Linkshänder. (5142) Von S. Oelwein-Schefczik, 64 S., 148 Farbfotos, 173 Zeichnungen, Pappband. **DM 14,80/S 119,–**

Die schönsten Handarbeiten zum Verschenken
(4225) Von B. Wenzelburger, 128 S., 156 Farbfotos, 70 2-farbige Zeichnungen, Pappband **DM 39,–/S 319,–**

Kuscheltiere stricken und häkeln
Arbeitsanleitungen und Modelle. (0734) Von B. Wehrle, 32 S., 60 Farbfotos, 28 Zeichnungen, Spiralbindung. **DM 7,80/S 69,–**

Hobby Patchwork und Quilten
(0768) Von B. Staub-Wachsmuth, 80 S., 108 Farbabb., 43 Zeichnungen, kart. **DM 19,80/S 159,–**

Textiles Gestalten
Weben, Knüpfen, Batiken, Sticken, Objekte und Strukturen. (5123) Von J. Fricke, 136 S., 67 Farb- und 189 s/w-Fotos, 15 Zeichnungen, kart. **DM 16,80/S 139,–**

Gestalten mit Glasperlen
fädeln · sticken · weben (0640) Von A. Köhler, 32 S., 55 Farbfotos, Spiralbindung. **DM 6,80/S 59,–**

Neue zauberhafte Salzteig-Ideen
(0719) Von I. Kiskalt, 80 S., 320 Farbfotos, 12 Zeichnungen, kart. **DM 19,80/S 159,–**

Hobby Salzteig
(0662) Von I. Kiskalt, 80 S., 150 Farbfotos, 5 Zeichnungen, Schablonen, kart. **DM 19,80/S 159,–**

Gestalten mit Salzteig
formen · bemalen · lackieren. (0613) Von W.-U. Cropp, 32 S., 56 Farbfotos, 17 Zeichnungen, Pappband. **DM 7,80/S 69,–**

Originell und dekorativ
Salzteig mit Naturmaterialien
(0833) Von A. und H. Wegener, 80 S., 166 Farbfotos, kart. **DM 19,80/S 159,–**

Buntbemalte Kunstwerke aus Salzteig
Figuren, Landschaften und Wandbilder. (5141) Von G. Belli, 64 S., 165 Farbfotos, 1 Zeichnung, Pappband. **DM 14,80/S 119,–**

Kreatives Gestalten mit Salzteig
Originelle Motive für Fortgeschrittene. (0769) Hrsg. I. Kiskalt, 80 S., 168 Farbfotos, kart. **DM 19,80/S 159,–**

Videokassette Salzteig
(6010/VHS, 6011/Video 2000, (6012/Beta) Von I. Kiskalt, Dr. A. Teuchert, in Farbe, ca. 35 Min. **DM 69,–/ S 619,–** (Unverb. Preisempfehlung)

Tiffany-Spiegel selbermachen
Materialien · Arbeitsanleitung · Vorlagen. (0761) Von R. Thomas, 32 S., 53 Farbfotos, Pappband. **DM 7,80/S 69,–**

Tiffany-Lampen selbermachen
Arbeitsanleitung · Materialien · Modelle. (0684) Von I. Spliethoff, 32 S., 60 Farbfotos, Pappband. **DM 7,80/S 69,–**

Hobby Glaskunst in Tiffany-Technik
(0781) Von N. Köppel, 80 S., 194 Farbfotos, 6 s/w-Abb., kart., **DM 19,80/S 159,–**

Kerzen und Wachsbilder
gießen · modellieren · bemalen. (5108) Von Ch. Riess, 64 S., 110 Farbfotos, Pappband. **DM 14,80/S 119,–**

Hobby Holzschnitzen
Von der Astholzfigur zur Vollplastik. (5101) Von H.-D. Wilden, 112 S., 16 Farbtafeln, 135 s/w-Fotos, kart. **DM 16,80/S 139,–**

Bastelspaß mit der Laubsäge
Mit Schnittmusterbogen für viele Modelle in Originalgröße. (0741) Von L. Giesche, M. Bausch, 32 S., 61 Farbfotos, 7 Zeichnungen, Schnittmusterbogen, Pappband. **DM 9,80/S 79,–**

Falken-Heimwerker-Praxis
Tapezieren
(0743) Von W. Nitschke, 112 S., 186 Farbfotos, 9 Zeichnungen, kart. **DM 19,80/S 159,–**

Falken-Heimwerker-Praxis
Anstreichen und Lackieren
(0771) Von P. Müller, 120 S., 186 Farbfotos, 2 s/w Fotos, 3 Zeichnungen, kart. **DM 19,80/S 159,–**

Falken-Heimwerker-Praxis
Fahrrad-Reparaturen
(0796) Von R. van der Plas, 112 S., 140 Farbfotos, 113 farbige Zeichnungen, kart. **DM 19,80/S 159,–**

Falken-Handbuch
Heimwerken
Reparieren und Selbermachen in Haus und Wohnung – über 1100 Farbfotos. Praktische Tips vom Profi: Selbermachen – Reparieren, Renovieren, Kostensparen. (4117) Von Th. Pochert, 440 S., 1103 Farbfotos, 100 ein- und zweifarbige Abb., Pappband. **DM 49,–/S 398,–**

Restaurieren von Möbeln
Stilkunde, Materialien, Techniken, Arbeitsanleitungen in Bildfolgen. (4120) Von E. Schnaus-Lorey, 152 S., 37 Farbfotos, 75 s/w Fotos, 332 Zeichnungen, Pappband. **DM 39,–/ S 319,–**

Möbel aufarbeiten, reparieren und pflegen
(0386) Von E. Schnaus-Lorey, 96 S., 28 Fotos, 101 Zeichnungen, kart., **DM 9,80/S 79,–**

Vogelhäuschen, Nistkästen, Vogeltränken
mit Plänen und Anleitungen zum Selbstbau. (0695) Von J. Zech, 32 S., 42 Farbfotos, 5 Zeichnungen, Pappband. **DM 7,80/S 69.–**

Papiermachen
ein neues Hobby. (5105) Von R. Weidenmüller, 64 S., 84 Farbfotos, 9 s/w-Fotos, 14 Zeichnungen, Pappband. **DM 16,80/S 139,–**

Schmuck und Objekte aus Metall und Email
(5078) Von J. Fricke, 120 S., 183 Abb., kart. **DM 16,80/S 139,–**

Strohschmuck selbstgebastelt
Sterne, Figuren und andere Dekorationen (0740) Von E. Rombach, 32 S., 60 Farbfotos, 17 Zeichnungen, Pappband. **DM 7,80/S 69,–**

Das Herbarium
Pflanzen sammeln, bestimmen und pressen. (5113) Von I. Gabriel, 96 S., 140 Farbfotos, Pappband. **DM 16,80/S 139,–**

Gestalten mit Naturmaterialien
Zweige, Kerne, Federn, Muscheln und anderes. (5128) Von I. Krohn, 64 S., 101 Farbfotos, 11 farbige Zeichnungen, Pappband. **DM 14,80/S 119,–**

Dauergestecke
mit Zweigen, Trocken- und Schnittblumen. (5121) Von G. Vocke, 64 S., 57 Farbfotos, Pappband. **DM 14,80/S 119,–**

Ikebana
Einführung in die japanische Kunst des Blumensteckens. (0548) Von G. Vocke, 152 S., 47 Farbfotos, kart. **DM 19,80/S 159,–**

Blumengestecke im Ikebanastil
(5041) Von G. Vocke, 64 S., 37 Farbfotos, viele Zeichnungen, Pappband. **DM 14,80/S 119,–**

Hobby Trockenblumen
Gewürzsträuße, Gestecke, Kränze, Buketts. (0643) Von R. Strobel-Schulze, 88 S., 170 Farbfotos, kart. **DM 19,80/S 159,–**

Hobby Gewürzsträuße
und zauberhafte Gebinde nach Salzburger Art. (0726) Von A. Ott, 80 S., 101 Farbfotos, 51 farbige Zeichnungen, kart. **DM 19,80/S 159,–**

Trockenblumen und Gewürzsträuße
(5084) Von G. Vocke, 64 S., 63 Farbfotos, Pappband. **DM 12,80/S 99,–**

Arbeiten mit Ton
Töpfern mit und ohne Scheibe. (5048) Von J. Fricke, 128 S., 15 Farbtafeln, 166 s/w-Fotos, kart. **DM 14,80/S 119,–**

4

Töpfern
als Kunst und Hobby. (4073) Von
J. Fricke, 132 S., 37 Farbfotos, 222 s/w-
Fotos, gebunden. **DM 39,–**/S 319,–

Schöne Sachen modellieren
Originelles aus Cernit – ideenreich
gestaltet. (0762) Von G. Thelen, 32 S.,
105 Farbfotos, Pappband.
DM 7,80/S 69,–

Modellieren
mit selbsthärtendem Material. (5085)
Von K. Reinhardt, 64 S., 93 Farbfotos,
Pappband. **DM 14,80**/S 119,–

Porzellanpuppen
Zauberhafte alte Puppen selbst nach-
bilden. (5138) Von C. A. und D. Stanton,
64 S., 58 Farbfotos, 22 Zeichnungen,
Pappband. **DM 16,80**/S 139,–

Marionetten
entwerfen · gestalten · führen (5118) Von
A. Krause und A. Bayer, 64 S., 83 Farbfotos, 2 s/w-Fotos, 40 Zeichnungen,
Pappband. **DM 14,80**/S 119,–

Stoffpuppen
Liebenswerte Modelle selbermachen.
(5150) Von I. Wolff, 56 S., 115 Farbfotos,
15 Zeichnungen, mit Schnittmusterbogen,
Pappband. **DM 16,80**/S 139,–

Hobby Puppen
Bezaubernde Modelle selbst gestalten.
(0742) Von B. Wenzelburger, 88 S.,
163 Farbfotos, 41 Zeichnungen,
11 Schnittmuster, kart.
DM 19,80/S 159,–

**Puppen und Figuren aus Kunst-
porzellan**
gießen, bemalen und gestalten. (0735)
Von G. Baumgarten, 32 S., 86 Farbfotos,
Pappband. **DM 9,80**/ S 79,–

Die liebenswerte Welt der Puppen
(2212) Von U. D. Damrau, 80 S., 60 Farbfotos, Pappband. **DM 9,80**/S 85,–

Selbstgestrickte Puppen
Materialien und Arbeitsanleitungen.
(0638) Von B. Wehrle, 32 S., 23 Farbfotos, 24 Zeichnungen, Pappband.
DM 9,80/S 79,–

Dekorative Rupfenpuppen
Arbeitsanleitungen und Gestaltungsvorschläge. (0733) Von B. Wenzelburger,
32 S., 57 Farbfotos, 14 Zeichnungen,
Spiralbindung. **DM 7,80**/S 69,–

Phantasiepuppen stricken und häkeln
Märchenhafte Modelle mit Arbeitsanleitungen. (0813) Von B. Wehrle, 32 S.,
26 Farbfotos, 30 einfarbige und 16 drei-
farbige Zeichnungen, Pappband.
DM 9,80/ S 79,–

**Schritt für Schritt zum Scheren-
schnitt**
Materialien · Techniken · Gestaltungsvorschläge. (0732) Von H. Klingmüller,
32 S., 38 Farbfotos, 34 Vorlagen, Spiralbindung. **DM 7,80**/S 69,–

Garagentore selbst bemalt
Techniken und Motive. (0786) Von
H. u. Y. Nadolny, 32 S., 24 Farbfotos,
12 s/w-Zeichnungen, Pappband.
DM 9,80/S 79,–

Alle Jahre wieder...
Advent und Weihnachten
Basteln – Backen – Schmücken – Singen
– Vorlesen – Feiern
(4260) Von H. und Y. Nadolny, 256 S.,
105 Farbfotos, 130 Zeichnungen,
Pappband. **DM 25,–**/S 200.–

Freizeit

Aktfotografie
Interpretationen zu einem unerschöpf-
lichen Thema.
Gestaltung · Technik · Spezialeffekte.
(0737) Von H. Wedewardt, 88 S.,
144 Farb- und 6 s/w-Fotos, 6 Zeichnungen, kart. **DM 19,80**/S 159,–

Videokassette Aktfotografie
Laufzeit ca. 60 Min. In Farbe.
(6001/VHS, 6002/Video 2000,
6003/Beta) **DM 69,–**/S 619,–
(unverb. Preisempfehlung)

So macht man bessere Fotos
Das meistverkaufte Fotobuch der Welt.
(0614) Von M. L. Taylor, 192 S., 457 Farbfotos, 15 Abb., kart. **DM 14,80**/S 119,–

Falken-Handbuch
Dunkelkammerpraxis
Laboreinrichtung · Arbeitsabläufe
Fehlerkatalog. (4140) Von E. Pauli,
200 S., 54 Farbfotos, 239 s/w-Fotos,
171 Zeichnungen, Pappband.
DM 39,–/S 319,–

Falken-Handbuch **Trickfilmen**
Flach-, Sach- und Zeichentrickfilme – von
der Idee zur Ausführung. (4131) Von
H.-D. Wilden, 144 S., über 430 überwie-
gend farbige Abb., Pappband.
DM 39,–/S 319,–

Moderne Schmalfilmpraxis
Ausrüstungen · Drehbuch · Aufnahme
Schnitt · Vertonung. (4043) Von U. Ney,
328 S., 29 Farbfotos, 177 s/w-Fotos,
57 Zeichnungen, gebunden.
DM 29,80/S 239,–

Schmalfilmen
Ausrüstung · Aufnahmepraxis · Schnitt
Ton. (0342) Von U. Ney, 108 S., 4 Farb-
tafeln, 25 s/w-Fotos, kart.
DM 9,80/S 79,–

Schmalfilme selbst vertonen
(0593) Von U. Ney, 96 S., 57 s/w-Fotos,
14 Zeichnungen, kart. **DM 9,80**/S 79,–

Fotografie – Das Schöne als Ziel
Zur Ästhetik und Psychologie der visuel-
len Wahrnehmung. (4122) Von E. Stark,
208 S., 252 Farbfotos, 63 Zeichnungen,
Ganzleinen. **DM 78,–**/S 624,–

Ferngelenkte Motorflugmodelle
bauen und fliegen. (0400) Von W. Thies,
184 S., mit Zeichnungen und Detail-
plänen, kart. **DM 16,80**/S 139,–

Modellflug-Lexikon
(0549) Von W. Thies, 280 S.,
98 s/w-Fotos, 234 Zeichnungen,
Pappband. **DM 36,–**/S 298,–

Flugmodelle
bauen und einfliegen. (0361) Von W.
Thies und Willi Rolf, 160 S., 63 Abb.,
7 Faltpläne, kart. **DM 12,80**/S 99,–

CB-Code
Wörterbuch und Technik. (0435) Von
R. Kerler, 120 S.,5 s/w-Fotos, 2 Zeich-
nungen, kart. **DM 9,80**/S 79,–

Kleine Welt auf Rädern
Das faszinierende Spiel mit **Modelleisenbahnen** (4175) Von F. Eisen, 256 S.,
72 Farb- und 180 s/w-Fotos, 25 Zeichnungen, Pappband. **DM 29,80**/S 239,–

Modelleisenbahnen im Freien
Mit Volldampf durch den Garten. (4245)
Von F. Eisen, 96 S., 115 Farb- und 4 s/w-
Fotos, 5 Zeichnungen, Pappband.
DM 29,80/S 239,–

Raketen auf Rädern
Autos und Motorräder an der Schall-
grenze. (4220) Von H. G. Isenberg, 96 S.,
112 Farbfotos, 21 s/w-Fotos, Pappband.
DM 24,80/S 198,–

Die rasantesten Rallyes der Welt
(4213) Von H. G. Isenberg und D.
Maxeiner, 96 S., 116 Farbfotos,
Pappband. **DM 24,80**/S 198,–

Trucks
Giganten der Landstraßen in aller Welt.
(4222) Von H. G. Isenberg, 96 S.,
131 Farbfotos, Pappband.
DM 24,80/S 198,–

Die Super-Trucks der Welt
(4257) Von H. G. Isenberg, 194 S.,
205 Farbfotos, 87 s/w-Fotos, 7 Farbzeichnungen, 4 Ausklapptafeln,
Pappband. **DM 39,–**/S 319,–

Ferngelenkte Elektromodelle
bauen und fliegen. (0700) Von W. Thies,
144 S., 52 s/w-Fotos, 50 Zeichnungen,
kart. **DM 16,80**/139.–

Schiffsmodelle
selber bauen. (0500) Von D. und R. Loch-
ner, 200 S., 93 Zeichnungen, 2 Faltpläne,
kart. **DM 14,80**/S 119,–

Dampflokomotiven
(4204) Von W. Jopp, 96 S., 134 Farbfotos, Pappband. **DM 24,80**/S 198,–

Zivilflugzeuge
Vom Kleinflugzeug zum Überschall-Jet.
(4218) Von R. J. Höhn und H. G.
Isenberg, 96 S., 115 Farbfotos,
Pappband. **DM 24,80**/S 198,–

Ferngelenkte Segelflugmodelle
bauen und fliegen. (0446) Von W. Thies,
176 S., 22 s/w-Fotos, 115 Zeichnungen,
kart. **DM 14,80**/S 119,–

Die schnellsten Motorräder der Welt
(4206) Von H. G. Isenberg und D.
Maxeiner, 96 S., 100 Farbfotos,
Pappband. **DM 24,80**/S 198,–

Motorrad-Hits
Chopper, Tribikes, Heiße Öfen. (4221)
Von H. G. Isenberg, 96 S., 119 Farbfotos,
Pappband. **DM 24,80**/S 198,–

Die Super-Motorräder der Welt
(4193) Von H. G. Isenberg, 192 S.,
170 Farb- und 100 s/w-Fotos, 8 Zeichnungen, Pappband. **DM 39,–**/S 319,–

Motorrad-Faszination
Heiße Öfen, von denen jeder träumt.
(4223) Von H. G. Isenberg, 96 S.,
103 Farb- und 20 s/w-Fotos, Pappband.
DM 24,80/S 198,–

Autos, die die Welt bewegten
Oldtimer
(2217) Von H. G. Isenberg, 80 S.,
32 Farb- und 22 s/w-Fotos, Pappband.
DM 9,80/S 85,–

Münzen
Ein Brevier für Sammler. (0353) Von
E. Dehnke, 128 S., 4 Farbtafeln, 17 s/w-
Abb., kart. **DM 9,80**/S 79.–

Astronomie als Hobby
Sternbilder und Planeten erkennen und
benennen. (0572) Von D. Block, 176 S.,
16 Farbtafeln, 49 s/w-Fotos, 93 Zeichnungen, kart. **DM 14.80**/S 119.–

Der Bart
Die individuelle Note des Mannes. (2222)
Von H. Strutzmann, 80 S., 58 Farbfotos,
Pappband. **DM 9,80**/S 85,–

Gitarre spielen
Ein Grundkurs für den Selbstunterricht.
(0534) Von A. Roßmann, 96 S., 1 Schall-
folie, 150 Zeichnungen, kart.
DM 24,80/S 198.–

Falken-Handbuch Zaubern
Über 400 verblüffende Tricks. (4063)
Von F. Stutz, 368 S., 1200 Zeichnungen,
Pappband. **DM 36,–**/S 298.–

Zaubern
einfach – aber verblüffend. (2018) Von
D. Buoch, 84 S., 41 Zeichnungen, kart.
DM 6,80/S 59.–

Zaubertricks
Das große Buch der Magie. (0282) Von
J. Zmeck, 244 S., 113 Abb., kart.
DM 14,80/S 119.–

Magische Zaubereien
(0672) Von W. Widenmann, 64 S.,
31 Zeichnungen, kart. **DM 7,80**/S 69.–

Pfeife rauchen
Die hohe Kunst, Tabak zu genießen.
(2203) Von W. Hufnagel, 80 S., 77 Farbfotos, 4 s/w-Fotos, 11 Zeichnungen,
Pappband. **DM 9,80**/S 85.–

Mit vollem Genuß
Pfeife rauchen
Alles über Tabaksorten, Pfeifen und
Zubehör. (4227) Von H. Behrens,
H. Frickert, 168 S., 127 Farbfotos,
18 Zeichnungen, Pappband.
DM 39,–/S 319.–

Mineralien, Steine und Fossilien
Grundkenntnisse für Hobby-Sammler.
(0437) Von D. Stobbe, 96 S., 16 Farbtafeln, 14 s/w-Fotos, 10 Zeichnungen,
kart. **DM 9,80**/S 79.–

Vom verführerischen Feuer der
Edelsteine
(2221) Von H. A. Mehler, R. Klotz, 80 S.,
46 Farbfotos, Pappband.
DM 9,80/S 85.–

Freizeit mit dem Mikroskop
(0291) Von M. Deckart, 132 S., 8 Farbtafeln, 64 s/w Abb., 2 Zeichnungen, kart.
DM 9,80/S 79.–

Briefmarken
sammeln für Anfänger. (0481) Von
D. Stein, 120 S., 4 Farbtafeln,
98 s/w-Abb., kart. **DM 9,80**/S 79.–

Wir lernen tanzen
Standard- und lateinamerikanische
Tänze. (0200) Von E. Fern, 168 S.,
118 s/w-Fotos, 47 Zeichnungen, kart.
DM 9,80/S 79,–

Tanzstunde
Das Welttanzprogramm · Party-Tanz-
stunde. (5018) Von G. Hädrich, 172 S.,
443 s/w-Fotos, 140 Zeichnungen,
Pappband. **DM 19.80**/S 159,–

So tanzt man Rock'n'Roll
Grundschritte · Figuren · Akrobatik.
(0573) Von W. Steuer und G. Marz,
224 S., 303 Abb., kart.
DM 16,80/ S 139,–

Disco-Tänze
(0491) Von B. und F. Weber, 104 S.,
104 Abb., kart. **DM 6,80**/S 59,–

Tanzen überall
Discofox, Rock'n'Roll, Blues, Langsamer
Walzer, Cha-Cha-Cha zum Selberlernen.
(0760) Von H. M. Pritzer, 112 S.,
128 Farbfotos, kart. **DM 19,80**/S 159,–

Videokassette **Tanzen überall**
Discofox, Rock'n'Roll, Blues. (6004/VHS,
6005/Video 2000, 6006/Beta) Von
H. M. Pritzer, G. Steinheimer, in Farbe,
ca. 45 Min. **DM 69,–**/S 619,–
(unverb. Preisempfehlung)

**Unser schönes Deutschland
neu gesehen**
(4199) Hrsg. U. Moll, 208 S., 800 Farbfotos, Pappband. **DM 29,80**/S 239,–

Schwarzwald-Romantik
Vom Zauber einer deutschen Landschaft.
(4232) Hrsg. A. Rolf, 184 S., 273 Farbfotos, Pappband. **DM 29,80**/S 239,–

Sport

Judo
Grundlagen des Stand- und Boden-
kampfes. (4013) Von W. Hofmann,
244 S., 589 Fotos, Pappband.
DM 29,80/S 239.–

Neue Lehrmethoden der Judo-Praxis
(0424) Von P. Herrmann, 223 S.,
475 Abb., kart. **DM 16,80**/S 139.–

Judo
Grundlagen – Methodik. (0305) Von
M. Ohgo, 208 S., 1025 Fotos, kart.
DM 14,80/S 119.–

Fußwürfe
für Judo, Karate und Selbstverteidigung.
(0439) Von H. Nishioka, 96 S., 260 Abb.,
kart. **DM 9,80**/S 79.–

Karate für alle
Karate-Selbstverteidigung in Bildern.
(0314) Von A. Pflüger, 112 S., 356 s/w-
Fotos, kart. **DM 9,80**/S 79.–

Karate für Frauen und Mädchen
Sport und Selbstverteidigung. (0425)
Von A. Pflüger, 168 S., 259 s/w-Fotos,
kart. **DM 12,80**/S 99.–

Nakayamas Karate perfekt 1
Einführung. (0487) Von M. Nakayama,
136 S., 605 s/w-Fotos, kart.
DM 19,80/S 159.–

Nakayamas Karate perfekt 2
Grundtechniken. (0512) Von
M. Nakayama, 136 S., 354 s/w-Fotos,
53 Zeichnungen, kart.
DM 19,80/S 159.–

Nakayamas Karate perfekt 3
Kumite 1: Kampfübungen. (0538) Von
M. Nakayama, 128 S., 424 s/w-Fotos,
kart. **DM 19,80**/S 159.–

Nakayamas Karate perfekt 4
Kumite 2: Kampfübungen. (0547) Von
M. Nakayama, 128 S., 394 s/w-Fotos,
kart. **DM 19,80**/S 159.–

Nakayamas Karate perfekt 5
Kata 1: Heian, Tekki. (0571) Von
M. Nakayama, 144 S., 1229 s/w-Fotos,
kart. **DM 19,80**/S 159.–

Nakayamas Karate perfekt 6
Kata 2: Bassai-Dai, Kanku-Dai,
(0600) Von M. Nakayama, 144 S.,
1300 s/w-Fotos, 107 Zeichnungen, kart.
DM 19,80/S 159.–

Nakayamas Karate perfekt 7
Kata 3: Jitte, Hangetsu, Empi. (0618)
Von M. Nakayama, 144 S., 1988 s/w-
Fotos, 105 Zeichnungen, kart.
DM 19,80/S 159.–

Nakayamas Karate perfekt 8
Gankaku, Jion. (0650) Von
M. Nakayama, 144 S., 1174 s/w-Fotos,
99 Zeichnungen, kart. **DM 19,80**/S 159.–

Kontakt-Karate
Ausrüstung · Technik · Training. (0396)
Von A. Pflüger, 112 S., 238 s/w-Fotos,
kart. **DM 14,80**/S 119.–

Karate-Do
Das Handbuch des modernen Karate.
(4028) Von A. Pflüger, 360 S., 1159 Abb.,
Pappband. **DM 39,–**/S 319.–

Bo-Karate
Kukishin-Ryu – die Techniken des Stock-
kampfes. ((0447) Von G. Stiebler, 176 S.,
424 s/w-Fotos, 38 Zeichnungen, kart.
DM 16,80/S 139.–

Karate I
Einführung · Grundtechniken. (0227)
Von A. Pflüger, 148 S., 195 s/w-Fotos,
120 Zeichnungen, kart.
DM 9,80/S 79.–

Karate II
Kombinationstechniken · Katas. (0239)
Von A. Pflüger, 176 S., 452 s/w-Fotos
und Zeichnungen, kart.
DM 9,80/S 79.–

Karate Kata 1
Heian 1-5, Tekki 1, Bassai Dai. (0683)
Von W.-D. Wichmann, 164 S., 703 s/w-
Fotos, kart. **DM 19,80**/S 159,–

Karate Kata 2
Jion, Empi, Kanku-Dai, Hangetsu.
(0723) Von W.-D. Wichmann, 140 S.,
661 s/w Fotos, 4 Zeichnungen, kart.
DM 19,80/S 159,–

Ninja 1
Die Lehre der Schattenkämpfer. (0758)
Von S. K. Hayes, 144 S., 137 s/w-Fotos,
kart. **DM 16,80**/S 139,–

Ninja 2
Die Wege zum Shoshin (0763) Von
S. K. Hayes, 160 S., 309 s/w-Fotos, kart.
DM 16,80/S 139,–

Ninja 3
Der Pfad des Togakure-Kämpfers.
(0764) Von S. K. Hayes, 144 S., 197 s/w-
Fotos, 2 Zeichnungen, kart.
DM 16,80/S 139,–

Ninja 4
Das Vermächtnis der Schattenkämpfer.
(0807) Von S. K. Hayes, 196 S., 466 s/w-
Fotos, kart. **DM 16,80**/S 139,–

Der König des Kung-Fu
Bruce Lee
Sein Leben und Kampf. (0392) Von
seiner Frau Linda. 136 S., 104 s/w-Fotos,
kart. **DM 19,80**/S 159.–

Bruce Lees Kampfstil 1
Grundtechniken. (0473) Von B. Lee und
M. Uyehara, 109 S., 220 Abb., kart.
DM 9,80/S 79.–

Bruce Lees Kampfstil 2
Selbstverteidigungs-Techniken. (0486)
Von B. Lee und M. Uyehara, 128 S.,
310 Abb., kart. **DM 9,80**/S 79.–

Bruce Lees Kampfstil 3
Trainingslehre. (0503) Von B. Lee und
M. Uyehara, 112 S., 246 Abb., kart.
DM 9,80/S 79.–

Bruce Lees Kampfstil 4
Kampftechniken. (0523) Von B. Lee und
M. Uyehara, 104 S., 211 Abb., kart.
DM 9,80/S 79.–

Bruce Lees Jeet Kune Do
(0440) Von B. Lee, 192 S., mit 105 eigen-
händigen Zeichnungen von B. Lee, kart.
DM 19,80/S 159.–

Ju-Jutsu 1
Grundtechniken – Moderne Selbstverteidigung. (0276) Von W. Heim und
F. J. Gresch, 160 S., 460 s/w-Fotos,
8 Zeichnungen, kart. **DM 9,80**/S 79.–

Ju-Jutsu 2
für Fortgeschrittene und Meister. (0378)
Von W. Heim und F. J. Gresch, 164 S.,
798 s/w-Fotos, kart. **DM 19,80**/S 159.–

Ju-Jutsu 3
Spezial-, Gegen- und Weiterführungs-Techniken. (0485) Von W. Heim und F. J. Gresch, 214 S., über 600 s/w-Fotos, kart. **DM 19,80**/S 159.–

Ju-Jutsu als Wettkampf
(0826) Von G. Kulot, 168 S., 418 s/w-Fotos, 2 Zeichnungen, kart.
DM 19,80/S 159.–

Nunchaku
Waffe · Sport · Selbstverteidigung. (0373) Von A. Pflüger, 144 S., 247 Abb., kart. **DM 16,80**/S 139.–

Shuriken · Tonfa · Sai
Stockfechten und andere bewaffnete Kampfsportarten aus Fernost. (0397) Von A. Schulz, 96 S., 253 s/w-Fotos, kart. **DM 12,80**/S 99.–

Illustriertes Handbuch des Taekwon-Do
Koreanische Kampfkunst und Selbstverteidigung. (4053) Von K. Gil, 248 S., 1026 Abb., Pappband. **DM 29,80**/S 239.–

Taekwon-Do
Koreanischer Kampfsport. (0347) Von K. Gil, 152 S., 408 Abb., kart.
DM 12,80/S 99.–

Aikido
Lehren und Techniken des harmonischen Weges. (0537) Von R. Brand, 280 S., 697 Abb., kart. **DM 19,80**/S 159.–

Kung-Fu und Tai-Chi
Grundlagen und Bewegungsabläufe. (0367) Von B. Tegner, 182 S., 370 s/w-Fotos, kart. **DM 14,80**/S 119.–

Kung-Fu
Theorie und Praxis klassischer und moderner Stile. (0376) Von M. Pabst, 160 S., 330 Abb., kart.
DM 12,80/S 99.–

Shaolin-Kempo – Kung-Fu
Chinesisches Karate im Drachenstil. (0395) Von R. Czerni und K. Konrad. 246 S., 723 Abbildungen, kart.
DM 19,80/S 159.–

Hap Ki Do
Grundlagen und Techniken koreanischer Selbstverteidigung. (0379) Von Kim Sou Bong, 112 S., 153 Abb., kart.
DM 14,80/S 119.–

Dynamische Tritte
Grundlagen für den Zweikampf. (0438) Von C. Lee, 96 S., 398 s/w-Fotos, 10 Zeichnungen, kart. **DM 9,80**/S 79.–

Kickboxen
Fitneßtraining und Wettkampfsport. (0795) Von G. Lemmens, 96 S., 208 s/w-Fotos, 23 Zeichnungen, kart.
DM 16,80/S 139.–

Muskeltraining mit Hanteln
Leistungssteigerung für Sport und Fitness. (0676) Von H. Schulz, 108 S., 92 s/w-Fotos, 2 Zeichnungen, kart.
DM 9,80/S 79.–

Leistungsfähiger durch Krafttraining
Eine Anleitung für Fitness-Sportler, Trainer und Athleten (0617) Von W. Kieser, 100 S., 20 s/w-Fotos, 62 Zeichnungen, kart. **DM 9,80**/S 79.–

Bodybuilding
Anleitung zum Muskel- und Konditionstraining für sie und ihn. (0604) Von R. Smolana. 160 S., 171 s/w-Fotos, kart.
DM 9,80/S 79.–

Hanteltraining zu Hause
(0800) Von W. Kieser, 80 S., 71 s/w-Fotos, 4 Zeichnungen, kart.
DM 9,80/S 79.–

Fit und gesund
Körpertraining und Bodybuilding zu Hause. (0782) Von H. Schulz, 80 S., 100 Farbfotos, 3 Zeichnungen, kart.
DM 14,80/S 119.–
Video-Kassette:
Fit und gesund
VHS (6013), Video 2000 (6014), Beta (6015), Laufzeit 30 Minuten, in Farbe.
DM 49,80/ S 448,–
(unverb. Preisempf.)
Package (Buch und Kassette)
Fit und gesund
(6019/VHS, 6020/Video 2000, 6021/Beta). Von H. Schulz,
DM 69,–/S 619,–
(unverbindl. Preisempf.)

Bodybuilding für Frauen
Wege zu Ihrer Idealfigur (0661) Von H. Schulz, 108 S., 84 s/w-Fotos, 4 Zeichnungen, großes farbiges Übungsposter, kart. **DM 14,80**/S 119.–

Isometrisches Training
Übungen für Muskelkraft und Entspannung. (0529) Von L. M. Kirsch, 140 S., 162 s/w-Fotos, kart. **DM 9,80**/S 79.–

Spaß am Laufen
Jogging für die Gesundheit. (0470) Von W. Sonntag, 140 S., 41 s/w-Fotos, 1 Zeichnung, kart. **DM 9,80**/S 79.–

Mein bester Freund, der Fußball
(5107) Von D. Brüggemann und D. Albrecht, 144 S., 171 Abb., kart.
DM 16,80/S 139.–

Fußball
Training und Wettkampf. (0448) Von H. Obermann und P. Walz, 166 S., 92 s/w-Fotos, 15 Zeichnungen, 29 Diagramme, kart. **DM 12,80**/S 99.–

Handball
Technik · Taktik · Regeln. (0426) Von F. und P. Hattig, 128 S., 91 s/w-Fotos, 121 Zeichnungen, kart. **DM 14,80**/S 119.–

Volleyball
Technik · Taktik · Regeln. (0351) Von H. Huhle, 104 S., 330 Abb., kart.
DM 9,80/S 79.–

Basketball
Technik und Übungen für Schule und Verein. (0279) Von C. Kyriasoglou, 116 S., mit 252 Übungen zur Basketballtechnik, 186 s/w-Fotos und 164 Zeichnungen, kart. **DM 12,80**/S 99.–

Hockey
Technische und taktische Grundlagen. (0398) Von H. Wein, 152 S., 60 s/w-Fotos, 30 Zeichnungen, kart.
DM 16,80/S 139.–

Eishockey
Lauf- und Stocktechnik, Körperspiel, Taktik, Ausrüstung und Regeln. (0414) Von J. Čapla, 264 S., 548 s/w-Fotos, 163 Zeichnungen, kart. **DM 19,80**/S 159.–

Badminton
Technik · Taktik · Training. (0699) Von K. Fuchs, L. Sologub, 168 S., 51 Abb., kart. **DM 16,80**/S 139.–

Golf
Ausrüstung · Technik · Regeln. (0343) Von J. C. Jessop, übersetzt von H. Biemer, mit einem Vorwort von H. Krings, Präsident des Deutschen Golf-Verbandes, 160 S., 65 Abb., Anhang Golfregeln des DGV, kart. **DM 16,80**/S 139.–

Pool-Billard
(0484) Herausgegeben vom Deutschen Pool-Billard-Bund, von M. Bach und K.-W. Kühn, 88 S., mit über 80 Abb., kart. **DM 7,80**/S 69.–

Sportschießen
für jedermann. (0502) Von A. Kovacic, 124 S., 116 s/w-Fotos, kart.
DM 14,80/S 119.–

Fechten
Florett · Degen · Säbel. (0449) Von E. Beck, 88 S., 219 Fotos und Zeichnungen, kart. **DM 11,80**/S 94.–

Reiten
Dressur · Springen · Gelände. (0415) Von U. Richter, 168 S., 235 Abb., kart.
DM 12,80/S 99.–

Fibel für Kegelfreunde
Sport- und Freizeitkegeln · Bowling. (0191) Von G. Bocsai, 72 S., 62 Abb., kart. **DM 5,80**/S 49.–

Beliebte und neue Kegelspiele
(0271) Von G. Bocsai, 92 S., 62 Abb., kart. **DM 5,80**/S 49.– –

111 spannende Kegelspiele
(2031) Von H. Regulski, 88 S., 53 Zeichnungen, kart., **DM 7,80**/S 69.–

Ski-Gymnastik
Fit für Piste und Loipe. (0450) Von H. Pilss-Samek, 104 S., 67 s/w-Fotos, 20 Zeichnungen, kart. **DM 6,80**/S 59.–

Die neue Skischule
Ausrüstung · Technik · Trickskilauf · Gymnastik. (0369) Von C. und R. Kerler, 128 S., 100 Abb., kart. **DM 9,80**/S 79.–

Skilanglauf, Skiwandern
Ausrüstung · Techniken · Skigymnastik. (5129) Von T. Reiter und R. Kerler, 80 S., 8 Farbtafeln, 85 Zeichnungen und s/w-Fotos, kart. **DM 14,80**/S 119,–

Alpiner Skisport
Ausrüstung · Techniken · Skigymnastik. (5130) Von K. Meßmann, 128 S., 8 Farbtafeln, 93 s/w-Fotos, 45 Zeichnungen, kart. **DM 14,80**/S 119,–

Die neue Tennis-Praxis
Der individuelle Weg zu erfolgreichem Spiel. (4097) Von R. Schönborn, 240 S., 202 Farbzeichnungen, 31 s/w-Abb., Pappband. **DM 19,80**/S 159.–

Erfolgreiche Tennis-Taktik
(4086) Von R. Ford Greene, übersetzt von M. R. Fischer, 182 S., 87 Abb., kart. **DM 19,80**/S 159.–

Moderne Tennistechnik
(4187) Von G. Lam, 192 S., 339 s/w-Fotos, 91 Zeichnungen, kart.
DM 24,80/S 198.–

Tennis kompakt
Der erfolgreiche Weg zu Spiel, Satz und Sieg. (5116) Von W. Taferner, 128 S., 82 s/w-Fotos, 67 Zeichnungen, kart.
DM 14,80/S 119.–

Tennis
Technik · Taktik · Regeln. (0375) Von H. Elschenbroich, 112 S., 81 Abb., kart.
DM 6,80/S 54.–

Tischtennis-Technik
Der individuelle Weg zu erfolgreichem Spiel. (0775) Von M. Perger, 144 S., 296 Abb. kart. **DM 16,80**/S 139,–

Squash
Ausrüstung · Technik · Regeln. (0539) Von D. von Horn und H.-D. Stünitz, 96 S., 55 s/w-Fotos, 25 Zeichnungen, kart.
DM 8,80/S 74.–

Sporttauchen
Theorie und Praxis des Gerätetauchens. (0647) Von S. Müßig, 144 S., 8 Farbtafeln, 35 s/w-Fotos, 89 Zeichnungen, kart., **DM 14,80**/S 119.–

Windsurfing
Lehrbuch für Grundschein und Praxis. (5028) Von C. Schmidt, 64 S., 60 Farbfotos, Pappband. **DM 12,80**/S 99.–

Segeln
Der neue Grundschein – Vorstufe zum A-Schein – Mit Prüfungsfragen. (5147) Von C. Schmidt, 80 S., 8 Farbtafeln, 18 Farbfotos, 82 Zeichnungen, kart., **DM 14,80**/S 119.–

Sportfischen
Fische – Geräte – Technik. (0324) Von H. Oppel, 144 S., 49 s/w-Fotos, 8 Farbtafeln, kart. **DM 9,80**/S 79.–

Falken-Handbuch Angeln
in Binnengewässern und im Meer. (4090) Von H. Oppel, 344 S., 24 Farbtafeln, 66 s/w-Fotos, 151 Zeichnungen, gebunden. **DM 39,–**/S 319.–

Angeln
Kleine Fibel für den Sportfischer. (0198) Von E. Bondick, 96 S., 116 Abb., kart. **DM 8,80**/S 79.–

Die Erben Lilienthals
Sportfliegen heute
(4054) Von G. Brinkmann, 240 S., 32 Farbtafeln, 176 s/w-Fotos, 33 Zeichnungen, gebunden. **DM 39,–**/S 319.–

Einführung in das Schachspiel
(0104) Von W. Wollenschläger und K. Colditz, 92 S., 116 Diagramme, kart. **DM 6,80**/S 59.–

Schach mit dem Computer
(0747) Von D. Frickenschmidt, 140 S., 112 Diagramme, 29 s/w-Fotos, 5 Zeichnungen, **DM 14,80**/S 139.–

Spielend Schach lernen
(2002) Von T. Schuster, 128 S., kart. **DM 6,80**/S 59.–

Kinder- und Jugendschach
Offizielles Lehrbuch des Deutschen Schachbundes zur Erringung des Bauern-, Turm- und Königsdiplome. (0561) Von B. J. Withuis und H. Pfleger, 144 S., 220 Zeichnungen u. Diagramme, kart. **DM 12,80**/S 99.–

Neue Schacheröffnungen
(0478) Von T. Schuster, 108 S., 100 Diagramme, kart. **DM 8,80**/S 74.–

Schach für Fortgeschrittene
Taktik und Probleme des Schachspiels. (0219) Von R. Teschner, 96 S., 85 Diagramme, kart. **DM 5,80**/S 49.–

Taktische Schachendspiele
(0752) Von J. Nunn, 200 S., 151 Diagramme, kart. **DM 16,80**/S 139.–

Schach-WM '85 Karpow – Kasparow.
Mit ausführlichen Kommentaren zu allen Partien. (0785) Von H. Pfleger, O. Borik, M. Kipp-Thomas, 128 S., zahlreiche Abb. und Diagramme, kart. **DM 14,80**/S 119.–

Schachstrategie
Ein Intensivkurs mit Übungen und ausführlichen Lösungen. (0584) Von A. Koblenz, dt. Bearb. von K. Colditz, 212 S., 240 Diagramme, kart. **DM 16,80**/S 139.–

Falken-Handbuch Schach
(4051) Von T. Schuster, 360 S., über 340 Diagramme, gebunden. **DM 36,–**/S 298.–

Die besten Partien deutscher Schachgroßmeister
(4121) Von H. Pfleger, 192 S., 29 s/w-Fotos, 89 Diagramme, Pappband. **DM 29,80**/S 239.–

Turnier der Schachgroßmeister '83
Karpow · Hort · Browne · Miles · Chandler · Garcia · Rogers · Kindermann. (0718) Von H. Pfleger, E. Kurz, 176 S., 29 s/w-Fotos, 71 Diagramme, kart. **DM 16,80**/S 139.–

Lehr-, Übungs- und Testbuch der Schachkombinationen
(0649) Von K. Colditz, 184 S., 227 Diagramme, Kart. **DM 14,80**/S 119.–

Zug um Zug
Schach für jedermann 1
Offizielles Lehrbuch des Deutschen Schachbundes zur Erringung des Bauerndiploms. (0648) Von H. Pfleger und E. Kurz, 80 S., 24 s/w-Fotos, 8 Zeichnungen, 60 Diagramme, kart. **DM 6,80**/S 59.–

Zug um Zug
Schach für jedermann 2
Offizielles Lehrbuch des Deutschen Schachbundes zur Erringung des Turmdiploms. (0659) Von H. Pfleger und E. Kurz, 132 S., 8 s/w-Fotos, 14 Zeichnungen, 78 Diagramme, kart. **DM 9,80**/S 79.–

Zug um Zug
Schach für jedermann 3
Offizielles Lehrbuch des Deutschen Schachbundes zur Erringung des Königsdiploms. (0728) Von H. Pfleger, G. Treppner, 128 S., 4 s/w-Fotos, 84 Diagramme, 10 Zeichnungen, kart. **DM 9,80**/S 79.–

Schachtraining mit den Großmeistern
(0670) Von H. Bouwmeester, 128 S., 90 Diagramme und Fotos. **DM 14,80**/S 119.–

Schach als Kampf
Meine Spiele und mein Weg. (0729) Von G. Kasparow, 144 S., 95 Diagramme, 9 s/w-Fotos, kart. **DM 14,80**/S 119,–

Spiele, Denksport, Unterhaltung

Kartenspiele
(2001) Von C. D. Grupp, 144 S., kart. **DM 9,80**/S 79.–

Neues Buch der siebzehn und vier Kartenspiele
(0095) Von K. Lichtwitz, 96 S., kart. **DM 6,80**/S 59.–

Alles über Pokern
Regeln und Tricks. (2024) Von C. D. Grupp, 120 S., 29 Kartenbilder, kart. **DM 8,80**/S 74.–

Rommé und Canasta
in allen Variationen. (2025) Von C. D. Grupp, 124 S., 24 Zeichnungen, kart. **DM 9,80**/S 79.–

Schafkopf, Doppelkopf, Binokel, Cego, Gaigel, Jaß, Tarock und andere „Lokalspiele".
(2015) Von C. D. Grupp, 152 S., kart. **DM 12,80**/S 99.–

Spielend Skat lernen
unter freundlicher Mitarbeit des deutschen Skatverbandes. (2005) Von Th. Krüger, 156 S., 181 s/w-Fotos, 22 Zeichnungen, kart. **DM 9,80**/S 79,–

Das Skatspiel
Eine Fibel für Anfänger. (0206) Von K. Lehnhoff, überarb. von P. A. Höfges, 96 S., kart. **DM 6,80**/S 59.–

Black Jack
Regeln und Strategien des Kasinospiels. (2032) Von K. Kelbratowski, 88 S., kart. **DM 9,80**/S 79.–

Falken-Handbuch Patiencen
Die 111 interessantesten Auslagen. (4151) Von U. v. Lyncker, 216 S., 108 Abbildungen, Pappband. **DM 29,80**/S 239.–

Patiencen
in Wort und Bild. (2003) Von I. Wolter, 136 S., kart. **DM 7,80**/S 69.–

Falken-Handbuch Bridge
Von den Grundregeln zum Turnierspiel. (4092) Von W. Voigt und K. Ritz, 276 S., 792 Zeichnungen, gebunden. **DM 39,-**/S 319.–

Spielend Bridge lernen
(2012) Von J. Weiss, 108 S., 58 Zeichnungen, kart. **DM 7,80**/S 69.–

Spieltechnik im Bridge
(2004) Von V. Mollo und N. Gardener, deutsche Adaption von D. Schröder, 216 S., kart. **DM 16,80**/S 139.–

Besser Bridge spielen
Reiztechnik, Spielverlauf und Gegenspiel. (2026) Von J. Weiss, 144 S., 60 Diagramme, kart. **DM 14,80**/S 119.–

Herausforderung im Bridge
200 Aufgaben mit Lösungen. (2033) Von V. Mollo, 152 S., kart. **DM 19,80**/S 159,–

Kartentricks
(2010) Von T. A. Rosee, 80 S., 13 Zeichnungen, kart. **DM 6,80**/S 59.–

Mah-Jongg
Das chinesische Glücks-, Kombinations- und Gesellschaftsspiel. (2030) Von U. Eschenbach, 80 S., 30 s/w-Fotos, 5 Zeichnungen, kart. **DM 9,80**/S 79.–

Neue Kartentricks
(2027) Von K. Pankow, 104 S., 20 Abb., kart. **DM 7,80**/S 69,–

Backgammon
für Anfänger und Könner. (2008) Von G. W. Fink und G. Fuchs, 116 S., 41 Abb., kart. **DM 9,80**/S 79.–

Würfelspiele
für jung und alt. (2007) Von F. Pruss, 112 S., 21 s/w-Zeichnungen, kart. **DM 7,80**/S 69.–

Gesellschaftsspiele
für drinnen und draußen. (2006) Von H. Görz, 128 S., kart. **DM 6,80**/S 59.–

Spiele für Party und Familie
(2014) Von Rudi Carrell, 160 S., 50 Abb., kart. **DM 9,80**/S 79.–

Dame
Das Brettspiel in allen Variationen. (2028) Von C. D. Grupp, 104 S., 122 Diagramme, kart. **DM 9,80**/S 79.–

Das japanische Brettspiel Go
(2020) Von W. Dörholt, 104 S., 182 Diagramme, kart. **DM 9,80**/S 79.–

Roulette richtig gespielt
Systemspiele, die Vermögen brachten. (0121) Von M. Jung, 96 S., zahlreiche Tabellen, kart. **DM 7,80**/S 69.–

So gewinnt man gegen Video- und Computerspiele
(0644) Von C. Kerler, 160 S., 25 Zeichnungen, 30 s/w-Fotos, kart. **DM 6,80**/S 59.–

Denksport und Schnickschnack
für Tüftler und fixe Köpfe. (0362) Von J. Barto, 100 S., 45 Abb., kart. **DM 6,80**/S 59.–

Die Preise entsprechen dem Status beim Druck dieses

Rätselspiele, Quiz- und Scherzfragen
für gesellige Stunden. (0577) Von K.-H.
Schneider, 168 S., über 100 Zeichnungen,
Pappband. **DM 16,80** /S 139.–

Knobeleien und Denksport
(2019) Von K. Rechberger, 142 S.,
105 Zeichnungen, kart. **DM 7,80** /S 69.–

Quiz
Mehr als 1500 ernste und heitere Fragen
aus allen Gebieten. (0129) Von R. Sautter
und W. Pröve, 92 S., 9 Zeichnungen,
kart. **DM 7,80** /S 69,–

500 Rätsel selberraten
(0681) Von E. Krüger, 272 S., kart.
DM 9,95 /S 79.–

Das Super-Kreuzwort-Rätsel-Lexikon
Über 150.000 Begriffe. (4126) Von
H. Schiefelbein, 684 S., Pappband.
DM 19,80 /S 159.–

365 Schwedenrätsel
(4173) Von Günther Borutta, 336 S.,kart.
DM 16,80 /S 139.–

501 Rätsel selberraten
(0711) Von E. Krüger, 272 S., kart.
DM 9,95 /S 79,–

Riesen-Kreuzwort-Rätsel-Lexikon
über 250.000 Begriffe. (4197) Von
H. Schiefelbein, 1024 S., Pappband.
DM 29,80 /S 239,–

Das große farbige Kinderlexikon
(4195) Von U. Kopp, 320 S., 493 Farbabb.,
17 s/w-Fotos, Pappband.
DM 29,80 /S 239,–

Das große farbige
Bastelbuch für Kinder
(4254) Von U. Barff, I. Burkhardt,
J. Maier, 224 S., 157 Farbfotos,
430 Farb- und 69 s/w-Zeichnungen,
Pappband. **DM 29,80** /S 239.–

Punkt, Punkt, Komma, Strich
Zeichenstunden für Kinder. (0564) Von
H. Witzig, 144 S., über 250 Zeichnungen,
kart. **DM 6,80** /S 59.–

Einmal grad und einmal krumm
Zeichenstunden für Kinder. (0599) Von
H. Witzig, 144 S., 363 Abb., kart.
DM 6,80 /S 59.–

Kinderspiele
die Spaß machen. (2009) Von H. Müller-
Stein, 112 S., 28 Abb., kart.
DM 6,80 /S 59.–

Spiele für Kleinkinder
(2011) Von D. Kellermann, 80 S.,
23 Abb., kart. **DM 5,80** /S 49.–

Kasperletheater
Spieltexte und Spielanleitungen · Bastel-
tips für Theater und Puppen. (0641) Von
U. Lietz, 136 S., 4 Farbtafeln,
12 s/w-Fotos, 39 Zeichnungen, kart.
DM 9,80 /S 79.–

Kindergeburtstag
Vorbereitung, Spiel und Spaß. (0287)
Von Dr. I. Obrig, 104 S., 40 Abb.,
11 Zeichnungen, 9 Lieder mit Noten, kart.
DM 5,80 /S 49.–

Kindergeburtstage die keiner vergißt
Planung, Gestaltung, Spielvorschläge.
(0698) Von G. und G. Zimmermann, 102 S.,
80 Vignetten, kart. **DM 9,80** / S 79,–

Kinderfeste
daheim und in Gruppen. (4033) Von
G. Blechner, 240 S., 320 Abb., kart.
DM 19,80 /S 159.–

Scherzfragen, Drudel und Blödeleien
gesammelt von Kindern. (0506) Hrsg.
von W. Pröve, 112 S., 57 Zeichnungen,
kart. **DM 5,80** /S 49.–

Kein schöner Land...
**Das große Buch unserer beliebtesten
Volkslieder.** (4150) 208 S., 108 Farb-
zeichnungen, Pappband. **DM 19,80** /S 159.–

Komm mit ins Land der Lieder
Das große Buch der Kinder-, Volks- und
Chorlieder. (4261) Hrsg. von H. Rauhe,
176 S., 146 Farbzeichnungen, Pappband.
DM 25,– /S 200.–

**Die schönsten Wander- und Fahrten-
lieder**
(0462) Hrsg. von F. R. Miller, empfohlen
vom Deutschen Sängerbund, 80 S., mit
Noten und Zeichnungen, kart.
DM 5,80 /S 49.–

Die schönsten Volkslieder
(0432) Hrsg. von D. Walther, 128 S.,
mit Noten und Zeichnungen, kart.
DM 6,80 /S 55.–

Neue Spiele für Ihre Party
(2022) Von G. Blechner, 120 S., 54 Zeichnungen, kart. **DM 9,80** /S 79.–

Lustige Tanzspiele und Scherztänze
für Parties und Feste. (0165) Von
E. Bäulke, 80 S., 53 Abb., kart.
DM 6,80 /S 59.–

Straßenfeste, Flohmärkte und Basare
Praktische Tips für Organisation und
Durchführung. (0592) Von H. Schuster,
96 S., 52 Fotos, 17 Zeichnungen, kart.
DM 12,80 /S 99.–

Humor

Großes Wilhelm Busch Album
mit 1.700 farbigen Bildern. (4249) Von
W. Busch, 400 S., 1700 Farbzeichnungen,
Pappband. **DM 16,80** /S 139.–

Es ist ein Brauch von alters her...
Lebensweisheiten
(2214) Von W. Busch, 80 S., 38 Zeichnungen, Pappband. **DM 9,80** /S 79,–

Heitere Vorträge und witzige Reden
Lachen, Witz und gute Laune. (0149) Von
E. Müller, 104 S., 44 Abb., kart.
DM 9,80 /S 79,–

Tolle Sketche
mit zündenden Pointen – zum Nachspielen. (0656) Von E. Cohrs, 112 S.,
kart. **DM 9,80** /S 79.–

Vergnügliche Sketche
(0476) Von H. Pillau, 96 S., mit
7 lustigen Zeichnungen, kart.
DM 6,80 /S 59.–

Heitere Vorträge
(0528) Von E. Müller, 128 S., 14 Zeichnungen, kart. **DM 9,80** /S 79.–

Die große Lachparade
Neue Texte für heitere Vorträge und
Ansagen. (0188) Von E. Müller, 108 S.,
kart. **DM 6,80** /S 59.–

So feiert man Feste fröhlicher
Heitere Vorträge und Gedichte.
(0098) Von Dr. Allos, 96 S., 15 Abb.,
kart. **DM 7,80** /S 69.–

Lustige Vorträge für fröhliche Feiern
(0284) Von Karl Lehnhoff, 96 S., kart.
DM 6,80 /S 59.–

Vergnügliches Vortragsbuch
(0091) Von J. Plaut, 192 S., kart.
DM 8,80 /S 74.–

**Tolle Sachen zum Schmunzeln und
Lachen**
Lustige Ansagen und Vorträge. (0163)
Von E. Müller, 92 S., kart.
DM 6,80 /S 59.–

Locker vom Hocker
Witzige Sketche zum Nachspielen.
(4262) Von W. Giller, 144 S., 41 Zeichnungen, Pappband. **DM 19,80** /S 159.–

Fidele Sketche und heitere Vorträge
Humor zum Nachspielen. (0157) Von
H. Ehnle. 96 S., kart. **DM 6,80** /S 59.–

Sketche und spielbare Witze
für bunte Abende und andere Feste.
(0445) Von H. Friedrich, 128 S., 7 Zeichnungen, kart. **DM 6,80** /S 59.–

Sketche
Kurzspiele zu amüsanter Unterhaltung.
(0247) Von M. Gering, 132 S., 16 Abb.,
kart., **DM 6,80** /S 59.–

Dalli-Dalli-Sketche
aus dem heiteren Ratespiel von und mit
Hans Rosenthal. (0527) Von H. Pillau,
144 S., 18 Zeichnungen, kart.
DM 9,80 /S 79.–

Witzige Sketche zum Nachspielen
(0511) Von D. Hallervorden, 160 S., kart.
DM 14,80 /S 119.–

Gereimte Vorträge
für Bühne und Bütt. (0567) Von G. Wagner,
96 S., kart. **DM 7,80** /S 69.–

Damen in der Bütt
Scherze, Büttenreden, Sketche.
(0354) Von T. Müller, 136 S., kart.
DM 8,80 /S 74.–

Narren in der Bütt
Leckerbissen aus dem rheinischen
Karneval. (0216) Zusammengestellt von
T. Lücker, 112 S., kart.
DM 8,80 /S 74.–

Rings um den Karneval
Karnevalsscherze und Büttenreden.
(0130) Von Dr. Allos, 136 S., kart.
DM 9,80 /S 79.–

Helau und Alaaf 1
Närrisches aus der Bütt.
(0304) Von E. Müller, 112 S., kart.
DM 6,80 /S 59.–

Helau und Alaaf 2
Neue Büttenreden.
(0477) Von E. Luft, 104 S., kart.
DM 7,80 /S 69.–

Helau und Alaaf 3
Neue Reden für die Bütt. (0832) Von
H. Fauser, 144 S., 13 Zeichnungen, kart.
DM 9,80 /S 79.–

Humor und Stimmung
Ein heiteres Vortragsbuch. (0460) Von
G. Wagner, 112 S., kart. **DM 6,80** /S 59.–

Humor und gute Laune
Ein heiteres Vortragsbuch.
(0635) Von G. Wagner, 112 S., 5 Zeichnungen, kart. **DM 8,80** /S 74.–

Das große Buch der Witze
(0384) Von E. Holz, 320 S., 36 Zeichnungen, Pappband. **DM 16,80** /S 139.–

Da lacht das Publikum
Neue lustige Vorträge für viele Gelegenheiten. (0716) Von H. Schmalenbach,
104 S., kart. **DM 9,80** /S 79,–

Witzig, witzig
(0507) Von E. Müller, 128 S., 16 Zeichnungen, kart. **DM 6,80** /S 59,–

**Die besten Witze und Cartoons des
Jahres 1**
(0454) Hrsg. von K. Hartmann, 288 S.,
125 Zeichnungen, geb. **DM 16,80** /S 139.–

Die besten Witze und Cartoons des Jahres 2
(0488) Hrsg. von K. Hartmann, 288 S., 148 Zeichnungen, geb. **DM 16,80**/S 139.–
Die besten Witze und Cartoons des Jahres 3
(0524) Hrsg. von K. Hartmann, 288 S., 105 Zeichnungen, Pappband. **DM 16,80**/S 139.–
Die besten Witze und Cartoons des Jahres 4
(0579) Hrsg. von K. Hartmann, 288 S., 140 Zeichnungen, Pappband. **DM 16,80**/S 139.–
Die besten Witze und Cartoons des Jahres 5
(0642) Hrsg. von K. Hartmann, 288 S., 88 Zeichnungen, Pappband. **DM 16,80**/S 139.–
Das Superbuch der Witze
(4146) Von B. Bornheim, 504 S., 54 Cartoons, Pappband. **DM 16,80**/S 139.–
Witze
Lachen am laufenden Band (4241) Von J. Burkert, D. Kroppach, 400 S., 41 Zeichnungen, Pappband. **DM 15,–**/S 120,–
Die besten Beamtenwitze
(0574) Hrsg. von W. Pröve, 112 S., 59 Cartoons, kart. **DM 5,80**/S 49.–
Die besten Kalauer
(0705) Von K. Frank, 112 S., 12 Zeichnungen, kart., **DM 5,80**/S 49.–
Robert Lembkes Witzauslese
(0325) Von Robert Lembke, 160 S., mit 10 Zeichnungen von E. Köhler, Pappband. **DM 14,80**/S 119.–
Fred Metzlers Witze mit Pfiff
(0368) Von F. Metzler, 120 S., kart. **DM 6,80**/S 59.–
O frivol ist mir am Abend
Pikante Witze von Fred Metzler. (0388) Von F. Metzler, 128 S., mit Karikaturen, kart. **DM 5,80**/S 49.–
Herrenwitze
(0589) Von G. Wilhelm, 112 S., 31 Zeichnungen, kart. **DM 5,80**/S 49.–
Witze am laufenden Band
(0461) Von F. Asmussen, 118 S., kart. **DM 6,80**/S 59.–
Horror zum Totlachen
Gruselwitze
(0536) Von F. Lautenschläger, 96 S., 44 Zeichnungen, kart. **DM 5,80**/S 49.–
Die besten Ostfriesenwitze
(0495) Hrsg. von O. Freese, 112 S., 17 Zeichnungen, kart. **DM 5,80**/S 49.–
Die Kleidermotte ernährt sich von nichts, sie frißt nur Löcher
Stilblüten, Sprüche und Widersprüche aus Schule, Unterricht, Rundfunk und Fernsehen. (0738) Von P. Haas, D. Kroppach, 112 S., zahlr. Abb., kart. **DM 6,80**/S 59,–
Olympische Witze
Sportlerwitze in Wort und Bild. (0505) Von W. Willnat, 112 S., 126 Zeichnungen, kart. **DM 5,80**/S 49.–
Ich lach mich kaputt! Die besten Kinderwitze
(0545) Von E. Hannemann, 128 S., 15 Zeichnungen, kart. **DM 5,80**/S 49.–
Lach mit!
Witze für Kinder, gesammelt von Kindern. (0468) Hrsg. von W. Pröve, 128 S., 17 Zeichnungen, kart. **DM 6,80**/S 59,–
Die besten Kinderwitze
(0757) Von K. Rank, 120 S., 28 Zeichnungen, kart. **DM 6,80**/S 59,–

Lustige Sketche für Jungen und Mädchen
Kurze Theaterstücke für Jungen und Mädchen. (0669) Von U. Lietz und U. Lange, 104 S., kart. **DM 7,80**/S 69,–
Spielbare Witze für Kinder
(0824) Von H. Schmalenbach, 128 S., 30 Zeichnungen, kart. **DM 9,80**/S 79.–

Natur

Faszination Berg
zwischen Alpen und Himalaya. (4214) Von T. Hiebeler, 96 S., 100 Farbfotos, Pappband. **DM 24,80**/S 198.–
Hilfe für den Wald
Ursachen, Schadbilder, Hilfsprogramme. Was jeder wissen muß, um unser wichtigstes Öko-System zu retten. (4164) Von K. F. Wentzel, R. Zundel, 128 S., 178 Farb- und 6 s/w-Fotos, 60 Zeichnungen, kart. **DM 19,80**/S 159,–
Gefährdete und geschützte Pflanzen
erkennen und benennen. (0596) Von W. Schnedler und K. Wolfstetter. 160 S., 140 Farbfotos, 4 Zeichnungen, kart. **DM 19,80**/S 159,–
Beeren und Waldfrüchte
erkennen und benennen, eßbar oder giftig? (0401) Von J. Raithelhuber, 120 S., 90 Farbfotos, 40 Zeichnungen, kart. **DM 16,80**/S 139.–
Pilze
erkennen und benennen. (0380) Von J. Raithelhuber, 136 S., 110 Farbfotos, kart. **DM 14,80**/S 119.–
Falken-Handbuch Pilze
Mit über 250 Farbfotos und Rezepten. (4061) Von M. Knoop, 276 S., 250 Farbfotos, Pappband. **DM 39,–**/S 319.–
Das Gartenjahr
Arbeitsplan für den Hobbygärtner. (4075) Von G. Bambach, 152 S., 16 Farbtafeln, 141 Abb., kart. **DM 14,80**/S 119.–
Gartenteiche und Wasserspiele
planen, anlegen und pflegen. (4083) Von H. R. Sikora, 160 S., 31 Farb- und 31 s/w-Fotos, 73 Zeichnungen, Pappband. **DM 29,80**/S 239.–
Wasser im Garten
Von der Vogeltränke zum Naturteich – Natürliche Lebensräume selbst gestalten. (4230) Von H. Hendel, 240 S., 247 Farbfotos, 68 Farbzeichnungen, Pappband. **DM 59,–**/S 479,–
Gärtnern
(5004) Von I. Manz, 64 S., 38 Farbfotos, Pappband. **DM 14,80**/S 119.–
Gärtner Gustavs Gartenkalender
Arbeitspläne · Pflanzenporträts · Gartenlexikon. (4155) Von G. Schoser, 120 S., 146 Farbfotos, 13 Tabellen, 203 farbige Zeichnungen, Pappband. **DM 24,80**/S 198.–
Ziersträucher und -bäume im Garten
(5071) Von I. Manz, 64 S., 91 Farbfotos, Pappband. **DM 14,80**/S 119.–
Das Blumenjahr
Arbeitsplan für drinnen und draußen. (4142) Von G. Vocke, 136 S., 15 Farbtafeln, kart. **DM 14,80**/S 119.–
Der richtige Schnitt von Obst- und Ziergehölzen, Rosen und Hecken
(0619) Von E. Zettl, 88 S., 8 Farbtafeln, 39 Zeichnungen, 21 s/w-Fotos, kart. **DM 7,80**/S 69.–

Blumenpracht im Garten
(5014) Von I. Manz, 64 S., 93 Farbfotos, Pappband. **DM 14,80**/S 119.–
Vom betörenden Zauber der Rosen
(2206) Von H. Steinhauer, 80 S., 89 Farbfotos und Zeichnungen, Pappband. **DM 9,80**/S 85,–
Blütenpracht in Haus und Garten
(4145) Von M. Haberer, u. a., 352 S., 1012 Farbfotos, Pappband. **DM 39,–**/S 319,–
Das bunte Blütenparadies der Blumen
(2219) Von B. Zeidelhack, 80 S., 72 Farbabb., Pappband. **DM 9,80**/S 85,–
Sag's mit Blumen
Pflege und Arrangieren von Schnittblumen. (5103) Von P. Möhring, 64 S., 68 Farbfotos, 2 s/w-Abb., Pappband. **DM 14,80**/S 119.–
Grabgestaltung
Bepflanzung und Pflege zu jeder Jahreszeit. (5120) Von N. Uhl, 64 S., 77 Farbfotos, 2 Zeichnungen, kart. **DM 16,80**/S 139.–
Leben im Naturgarten
Der Biogärtner und seine gesunde Umwelt. (4124) Von N. Jorek, 128 S., 68 s/w-Fotos, kart. **DM 14,80**/S 119.–
So wird mein Garten zum Biogarten
Alles über die Umstellung auf naturgemäßen Anbau. (0706) Von I. Gabriel, 128 S., durchgehend 4farbig, 73 Farbfotos, 54 Farbzeichnungen, kart. **DM 14,80**/S 119.–
Gesunde Pflanzen im Biogarten
Biologische Maßnahmen bei Schädlingsbefall und Pflanzenkrankheiten. (0707) Von I. Gabriel, 128 S., durchgehend 4farbig, 126 Farbfotos, 12 Farbzeichnungen, kart. **DM 14,80**/S 119.–
Der Biogarten unter Glas und Folie
Ganzjährig erfolgreich ernten. (0722) Von I. Gabriel, 128 S., durchgehend 4farbig, 62 Farbfotos, 45 Farbzeichnungen, kart. **DM 14,80**/S 119.–
Obst und Beeren im Biogarten
Gesunde und schmackhafte Früchte durch natürlichen Anbau. (0780) Von I. Gabriel, 128 S., 38 Farbfotos, 71 Farbzeichnungen, kart. **DM 14,80**/S 119.–
Neuanlage eines Biogartens
Planung, Bodenvorbereitung, Gestaltung. (0721) Von I. Gabriel, 128 S., durchgehend 4farbig, 73 Farbfotos, 39 Zeichnungen, kart. **DM 14,80**/S 119.–
Der biologische Zier- und Wohngarten
Planen, Vorbereiten, Bepflanzen und Pflegen. (0748) Von I. Gabriel, 128 S., 72 Farbfotos, 46 Farbzeichnungen, kart. **DM 14,80**/S 119.–
Das Bio-Gartenjahr
Arbeitsplan für naturgemäßes Gärtnern. (4169) Von N. Jorek, 128 S., 8 Farbtafeln, 70 s/w-Abb. kart. **DM 14,80**/S 119,–
Selbstversorgung aus dem eigenen Anbau
Reichen Erntesegen verwerten und haltbar machen. (4182) Von M. Bustorf-Hirsch, M. Hirsch, 216 S., 270 Zeichnungen, Pappband. **DM 29,80**/S 239,–
Mischkultur im Nutzgarten
Mit Jahreskalender und Anbauplänen. (0651) Von H. Oppel, 112 S., 8 Farbtafeln, 23 s/w-Fotos, Zeichnungen, kart. **DM 9,80**/S 79,–

FALKEN VERLAG

Die Preise entsprechen dem Status beim Druck dieses

Erfolgstips für den Gemüsegarten
Mit naturgemäßem Anbau zu höherem
Ertrag. (0674) Von F. Mühl, 80 S.,
30 s/w-Fotos, 4 Zeichnungen, kart.
DM 7,80/ S 69.–

Erfolgstips für den Obstgarten
Gesunde Früchte durch richtige Sorten-
wahl und Pflege. (0827) Von F. Mühl,
184 S., 16 Farbtafeln, 33 Zeichnungen,
kart. **DM 14,80/S 119.–**

Der erfolgreiche Obstgarten
Pflanzung · Veredelung und Schnitt.
(5100) Von J. Zech, 64 S., 54 Farbfotos,
Pappband. **DM 14,80/S 119.–**

**Gemüse, Kräuter, Obst aus dem
Balkongarten**
– Erfolgreich ernten auf kleinstem Raum.
(0694) Von S. Stein, 32 S., 34 Farbfotos,
6 Zeichnungen, Spiralbindung,
kart. **DM 7,80/S 69.–**

Keime, Sprossen, Küchenkräuter
am Fenster ziehen – rund ums Jahr.
(0658) Von F. und H. Jantzen, 32 S.,
55 Farbfotos, Pappband.
DM 6,80/S 59.–

Balkons in Blütenpracht
zu allen Jahreszeiten.
(5047) Von N. Uhl, 64 S., 80 Farbfotos,
Pappband. **DM 14,80/S 119.–**

Kübelpflanzen
für Balkon, Terrasse und Dachgarten.
(5132) Von M. Haberer, 64 S., 70 Farbfotos, Pappband. **DM 14,80/S 119.–**

Kletterpflanzen
Rankende Begrünung für Fassade, Balkon
und Garten. (5140) Von M. Haberer,
64 S., 70 Farbabb., 2 Zeichnungen,
Pappband. **DM 14,80/S 119.–**

**Mein Kräutergarten
rund ums Jahr**
Täglich schnittfrisch und gesund würzen.
(4192) Von Prof. Dr. G. Lysek, 136 S.,
15 Farbtafeln, 91 Zeichnungen, kart.
DM 16,80/S 139.–

Blühende Zimmerpflanzen
94 Arten mit Pflegeanleitungen. (5010)
Von R. Blaich, 64 S., 107 Farbfotos,
Pappband. **DM 14,80/S 119.–**

Falken-Handbuch Zimmerpflanzen
1600 Pflanzenporträts. (4082) Von R.
Blaich, 432 S., 480 Farbfotos, 84 Zeichnungen, 1600 Pflanzenbeschreibungen,
Pappband. **DM 39,–/S 319.–**

Blütenpracht in Grolit 2000
Der neue, mühelose Weg zu farbenpräch-
tigen Zimmerpflanzen. (5127) Von G.
Vocke, 64 S., 50 Farbfotos, Pappband.
DM 14,80/S 119.–

Ziergräser
Über 100 Arten erfolgreich kultivieren.
(0829) Von H. Jantra, 104 S., 73 Farbfotos, 6 Farbzeichnungen, kart.
DM 16,80/S 139.–

Bonsai
Japanische Miniaturbäume und Miniatur-
landschaften. Anzucht, Gestaltung und
Pflege. (4091) Von H. Lesniewicz, 160 S.,
106 Farbfotos, 46 s/w-Fotos, 115 Zeichnungen, gebunden. **DM 68,–/S 549.–**

**Zimmerbäume, Palmen und andere
Blattpflanzen**
Standort, Pflege, Vermehrung, Schädlinge.
(5111) Von G. Schoser, 96 S., 98 Farb-
fotos, 7 Zeichnungen, Pappband.
DM 19,80/S 159.–

Biologisch zimmergärtnern
Zier- und Nutzpflanzen natürlich pflegen.
(4144) Von N. Jorek, 152 S., 15 Farbtafeln, 120 s/w-Fotos, Pappband.
DM 19,80/S 159.–

Hydrokultur
Pflanzen ohne Erde – mühelos gepflegt.
(4080) Von H.-A. Rotter, 120 S., 82 Abb.,
Pappband. **DM 19,80/S 159.–**

Zimmerpflanzen in Hydrokultur
Leitfaden für problemlose Blumenpflege.
(0660) Von H.-A. Rotter, 32 S., 76 Farbfotos, 8 farbige Zeichnungen, Pappband.
DM 7,80/S 69.–

Sukkulenten
Mittagsblumen, Lebende Steine, Wolfsmilchgewächse u. a. (5070) Von W. Hoffmann, 64 S., 82 Farbfotos, Pappband.
DM 14,80/S 119.–

Kakteen und andere Sukkulenten
300 Arten mit über 500 Farbfotos.
(4116) Von G. Andersohn, 316 S., 520
Farbfotos, 193 Zeichnungen, Pappband.
DM 49,–/S 398.–

Fibel für Kakteenfreunde
(0199) Von H. Herold, 102 S., 23 Farbfotos, 37 s/w-Abb., kart. **DM 7,80/S 69.–**

Kakteen
Herkunft, Anzucht, Pflege, Arten. (5021)
Von W. Hoffmann, 64 S., 70 Farbfotos,
Pappband. **DM 14,80/S 119.–**

Kakteen
Faszinierende Formen und Farben
(4211) Von K. und F. Schild, 96 S.,
127 Farbfotos, Pappband.
DM 24,80/S 198.–

Orchideen
(4215) Von G. Schoser, 96 S., 143 Farbfotos, Pappband. **DM 24,80/S 198,–**

Falken-Handbuch Orchideen
Lebensraum, Kultur, Anzucht und Pflege.
(4231) Von G. Schoser, 144 S., 121 Farbfotos, 28 Farbzeichnungen, Pappband.
DM 29,80/S 239,–

Falken-Handbuch Katzen
(4158) Von B. Gerber, 176 S., 294 Farb-
und 88 s/w-Fotos, Pappband.
DM 39,–/S 319,–

Katzen
Rassen · Haltung · Pflege. (4216) Von
B. Eilert-Overbeck, 96 S., 82 Farbfotos,
Pappband. **DM 24,80/S 198,–**

Das neue Katzenbuch
Rassen – Aufzucht – Pflege. (0427) Von
B. Eilert-Overbeck, 136 S., 14 Farbfotos,
26 s/w-Fotos, kart. **DM 8,80/S 74.–**

Lieblinge auf Samtpfötchen Katzen
(2202) Von B. Eilert-Overbeck, 80 S.,
53 Farbfotos, 5 s/w-Fotos, 1 Zeichnung,
Pappband. **DM 9,80/S 85.–**

Katzenkrankheiten
Erkennung und Behandlung. Steuerung
des Sexualverhaltens. (0652) Von Dr.
med. vet. R. Spangenberg, 176 S.,
64 s/w-Fotos, 4 Zeichnungen, kart.
DM 9,80/S 79.–

Falken-Handbuch Hunde
(4118) Von H. Bielfeld, 176 S., 222 Farbfotos und Farbzeichnungen, 73 s/w-Abb.,
Pappband. **DM 39,–/S 319.–**

Hunde
Die treuen Freunde des Menschen (2207)
Von R. Spangenberg, 80 S., 49 Farbfotos
und Zeichnungen, Pappband.
DM 9,80/S 85,–

Hunde
Rassen · Erziehung · Haltung. (4209)
Von H. Bielfeld, 96 S., 101 Farbfotos,
Pappband. **DM 24,80/S 198.–**

Das neue Hundebuch
Rassen · Aufzucht · Pflege. (0009) Von
W. Busack, überarbeitet von Dr. med. vet.
A. H. Hacker und H. Bielfeld, 112 S.,
8 Farbtafeln, 27 s/w-Fotos, 6 Zeichnun-
gen, kart. **DM 8,80/S 74.–**

**Falken-Handbuch
Der Deutsche Schäferhund**
(4077) Von U. Förster, 228 S., 160 Abb.,
Pappband. **DM 29,80/S 239.–**

Der Deutsche Schäferhund
Aufzucht, Pflege und Ausbildung. (0073)
Von A. Hacker, 104 S., 56 Abb., kart.
DM 7,80/S 69.–

Dackel, Teckel, Dachshund
Aufzucht · Pflege · Ausbildung. (0508)
Von M. Wein-Gysae, 112 S., 4 Farbtafeln,
43 s/w-Fotos, 2 Zeichnungen, kart.
DM 9,80/S 79.–

Hundeausbildung
Verhalten – Gehorsam – Abrichtung.
(0346) Von Prof. Dr. R. Menzel, 96 S.,
18 Fotos, kart. **DM 7,80/S 69.–**

Grundausbildung für Gebrauchshunde
Schäferhund, Boxer, Rottweiler, Dober-
mann, Riesenschnauzer, Airedaleterrier,
Hovawart und Bouvier. (0801) Von M.
Schmidt und W. Koch, 104 S., 8 Farbtafeln, 51 s/w-Fotos, 5 s/w-Zeichnungen,
kart. **DM 9,80/S 79.–**

Hundekrankheiten
Erkennung und Behandlung, Steuerung
des Sexualverhaltens. (0570) Von
Dr. med. vet. R. Spangenberg, 128 S.,
68 s/w-Fotos, 10 Zeichnungen, kart.
DM 9,80/S 79.–

Falken-Handbuch Pferde
(4186) Von H. Werner, 176 S., 196 Farb-
und 50 s/w-Fotos, 100 Zeichnungen,
Pappband. **DM 48,–/S 389,–**

Ponys
Rassen, Haltung, Reiten. (4205) Von
S. Braun, 96 S., 84 Farbfotos, Pappband.
DM 24,80/S 198.–

Schmetterlinge
Tagfalter Miteleuropas erkennen und
benennen. (0510) Von T. Ruckstuhl, 156 S.,
136 Farbfotos, kart. **DM 16,80/S 139.–**

Wellensittiche
Arten · Haltung · Pflege · Sprechunterricht · Zucht. (5136) Von H. Bielfeld,
64 S., 59 Farbfotos, Pappband.
DM 14,80/S 119.–

Papageien und Sittiche
Arten · Pflege · Sprechunterricht.
(0591) Von H. Bielfeld, 112 S., 8 Farbtafeln, kart. **DM 9,80/S 79.–**

Geflügelhaltung als Hobby
(0749) Von M. Baumeister, H. Meyer,
184 S., 8 Farbtafeln, 47 s/w-Fotos,
15 Zeichnungen, kart. **DM 16,80/S 139,–**

Falken-Handbuch Das Terrarium
(4069) Von B. Kahl, P. Gaupp,
Dr. G. Schmidt, 336 S., 215 Farbfotos,
geb. **DM 58,–/S 460.–**

DIE TIERSPRECHSTUNDE
Alles über Igel in Natur und Garten
(0810) Von Dr. med. vet. E. M. Barten-
schlager, 68 S., 51 Farbfotos, kart.
DM 9,80/S 79.–

DIE TIERSPRECHSTUNDE
Alles über Meerschweinchen
(0809) Von Dr. med. vet. E. M. Barten-
schlager, 72 S., 43 Farbfotos, 11 Farbzeichnungen, kart. **DM 9,80/S 79.–**

Das Süßwasser-Aquarium
Einrichtung · Pflege · Fische · Pflanzen.
(0153) Von H. J. Mayland, 152 S.,
16 Farbtafeln, 43 s/w-Zeichnungen, kart.
DM 12,80/S 99,–

FALKEN VERLAG

Falken-Handbuch
Süßwasser-Aquarium
(4191) Von H. J. Mayland, 288 S.,
564 Farbfotos, 75 Zeichnungen,
Pappband. **DM 49,–**/S 398,–
Cichliden
Pflege, Herkunft und Nachzucht der
wichtigsten Buntbarscharten. (5144) Von
Jo in't Veen, 96 S., 163 Farbfotos,
Pappband. **DM 19,80**/S 159,–

Gesundheit

Die Frau als Hausärztin
Der unentgeltliche Ratgeber für die
Gesundheit. (4072) Von Dr. med.
A. Fischer-Dückelmann, 808 S., 14 Farb-
tafeln, 146 s/w-Fotos, 203 Zeichnungen,
Pappband. **DM 29,80**/S 239,–
**Heiltees und Kräuter für die
Gesundheit**
(4123) Von G. Leibold, 136 S., 15 Farb-
tafeln, 16 Zeichnungen, kart.
DM 14,80/S 119.–
Falken-Handbuch
Heilkräuter
Modernes Lexikon der Pflanzen und
Anwendungen (4076) Von G. Leibold,
392 S., 183 Farbfotos, 22 Zeichnungen,
geb. **DM 39,–**/S 319.–
Die farbige Kräuterfibel
Heil- und Gewürzpflanzen. (0245) Von
I. Gabriel, 96 S., 49 farbige und
97 s/w-Abb., kart. **DM 14,80**/ S 119.–
Arzneikräuter und Wildgemüse
erkennen und benennen. (0459) Von
J. Raithelhuber, 144 S., 108 Farbfotos,
31 Zeichnungen, kart. **DM 16,80**/S 139.–
Falken-Handbuch
Bio-Medizin
Alles über die moderne Naturheilpraxis.
(4136) Von G. Leibold, 552 S., 38 Farb-
fotos, 232 s/w-Abb., Pappband.
DM 29,–/ S 319.–
Enzyme
(0677) Von G. Leibold, 96 S., kart.
DM 9,80/S 79.–
Heilfasten
(0713) Von G. Leibold, 108 S., kart.
DM 9,80/S 79.–
**So lebt man länger nach Dr. Le
Comptes Erfolgsmethode!**
Vital und gesund bis ins hohe Alter.
(4129) Von Dr. H. Le Compte,
P. Pervenche, 224 S., gebunden.
DM 24,80/S 198.–
**Gesundheit und Spannkraft durch
Yoga**
(0321) Von L. Frank und U. Ebbers,
112 S., 50 s/w-Fotos, kart.
DM 7,80/S 69.–
Yoga für jeden
(0341) Von K. Zebroff, 156 S., 135 Abb.,
Spiralbindung, **DM 20,–**/S 160.–
Yoga für Schwangere
Der Weg zur sanften Geburt. (0777) Von
V. Bolesta-Hahn, 108 S., 76 2-farbige
Abb. **DM 12,80**/S 99,–
**Yoga gegen Haltungsschäden und
Rückenschmerzen**
(0394) Von A. Raab, 104 S., 215 Abb.,
kart. **DM 6,80**/S 59.–
Hypnose und Autosuggestion
Methoden – Heilwirkungen – praktische
Beispiele. (0483) Von G. Leibold, 116 S.,
kart. **DM 7,80**/S 69.–

Autogenes Training
Anwendung · Heilwirkungen · Methoden.
(0541) Von R. Faller, 128 S., 3 Zeich-
nungen, kart. **DM 9,80**/S 79.–
**Die fernöstliche Fingerdrucktherapie
Shiatsu**
Anleitungen zur Selbsthilfe – Heilwirkun-
gen. (0615) Von G. Leibold, 196 S.,
180 Abb., kart. **DM 16,80**/S 139.–
Eigenbehandlung durch Akupressur
Heilwirkungen – Energielehre – Meri-
diane. (0417) Von G. Leibold, 152 S.,
78 Abb., kart. **DM 9,80**/S 79.–
Chinesische Naturheilverfahren
Selbstbehandlung mit bewährten
Methoden der physikalischen Therapie.
Atemtherapie · Heilgymnastik · Selbst-
massage · Vorbeugen · Behandeln · Ent-
spannen. (4247) Von F. Tjoeng Lie,
160 S., 292 zweifarbige Zeichnungen,
Pappband. **DM 29,80**/S 239.–
Bauch, Taille und Hüfte gezielt formen
durch **Aktiv Yoga**
(0709) Von K. Zebroff, 112 S., 102 Farbfotos, Spiralbindung, **DM 14,80**/S 119.–
10 Minuten täglich Tele-Gymnastik
(5102) Von B. Manz und K. Biermann,
128 S., 381 Abb., kart.
DM 14,80/S 119.–
Gesund und fit durch Gymnastik
(0366) Von H. Pilss-Samek, 132 S.,
150 Abb., kart. **DM 9,80**/S 79.–
Stretching
Mit Dehnungsgymnastik zu Ent-
spannung, Geschmeidigkeit und Wohl-
befinden. (0717) Von H. Schulz, 80 S.,
90 s/w-Fotos, kart. **DM 7,80**/S 69.–
Gesund und leistungsfähig durch
**Konditionsübungen, Fitneßtraining,
Wirbelsäulengymnastik**
(0844) Von R. Milser, K. Grafe, 104 S.,
99 Farbfotos, 12 Farbzeichnungen, 5 s/w-
Zeichnungen, kart. **DM 16,80**/S 139.–
Schönheitspflege
Kosmetische Tips für jeden Tag. (0493)
Von H. Zander, 80 S., 25 Abb., kart.
DM 7,80/S 69.–
Natur-Apotheke
Gesundheit durch altbewährte Kräuter-
rezepte und Hausmittel.
(4156) Von G. Leibold, 236 S., 8 Farb-
tafeln, 100 Zeichnungen, kart.,
DM 19,80/S 159.–
(4157) Pappband, **29,80**/S 239.–
**Diät bei Krankheiten des Magens und
Zwölffingerdarms**
Rezeptteil von B. Zöllner. (3201) Von
Prof. Dr. med. H. Kaess, 96 S., 4 Farb-
tafeln, kart. **DM 10,80**/S 85.–
**Diät bei Herzkrankheiten und
Bluthochdruck**
Salzarme (natriumarme) Kost. Rezeptteil
von B. Zöllner. (3202) Von Prof. Dr. med.
H. Rottka, 92 S., 4 Farbtafeln, kart.
DM 10,80/S 85.–
**Diät bei Erkrankungen der Niere und
Harnwege, bei Nierensteinen und bei
Dialysebehandlung**
Rezeptteil von B. Zöllner. (3203) Von
Prof. Dr. med. H. J. Sarre und Prof.
med. R. Kluthe, 100 S., 4 Farbtafeln,
kart. **DM 10,80**/S 85.–
Richtige Ernährung im Alter
Rezeptteil von B. Zöllner. (3204) Von
Priv.-Doz. Dr. med. H.-J. Pusch und Dr.
med. W. Koch, 88 S., 4 Farbtafeln, kart.
DM 10,80/S 85.–

Diät bei Gicht und Harnsäuresteinen
Rezeptteil von B. Zöllner. (3205) Von
Prof. Dr. med. N. Zöllner, 80 S., 4 Farb-
tafeln, kart. **DM 10,80**/S 85.–
Diät bei Zuckerkrankheit
Rezeptteil von B. Zöllner. (3206) Von
Prof. Dr. med. P. Dieterle, 80 S., 4 Farb-
tafeln, kart. **DM 10,80**/S 85.–
**Diät bei Krankheiten der Gallenblase,
Leber und Bauchspeicheldrüse**
Rezeptteil von B. Zöllner. (3207) Von
Prof. Dr. med. H. Kasper, 88 S., 4 Farb-
tafeln, kart. **DM 10,80**/S 85.–
**Diät bei Störungen des Fettstoff-
wechsels und zur Vorbeugung der
Arteriosklerose**
Rezeptteil von B. Zöllner. (3208) Von
Prof. Dr. med. G. Wolfram und Dr. med.
O. Adam, 104 S., 4 Farbtafeln, kart.
DM 10,80/S 85.–
Diät bei Übergewicht
Rezeptteil von B. Zöllner. (3209) Von
Priv.-Doz. Dr. med. Ch. Keller, 96 S.,
4 Farbtafeln, kart. **DM 10,80**/S 85.–
Diät bei Darmkrankheiten
Durchfall – Divertikulose, Reizdarm und
Darmträgheit – einheimische Sprue
(Zöliakie) – Disaccharidasemangel –
Dünndarmresektion – Dumping
Syndrom. Rezeptteil von B. Zöllner.
(3211) Von Prof. Dr. med. G. Strohmeyer,
88 S., 4 Farbtafeln, kart.
DM 10,80/S 85.–
**Ballaststoffreiche Kost bei Funktions-
störungen des Darms**
Rezeptteil von B. Zöllner. (3212) Von
Prof. Dr. med. K. Kasper, 80 S., 4 Farb-
tafeln, kart. **DM 10,80**/S 85.–
Bildatlas des menschlichen Körpers
(4177) Von G. Pogliani, V. Vannini, 112 S.,
402 Farbabb., 28 s/w-Fotos, Pappband.
DM 29,80/S 239.–
Fußmassage
Reflexzonentherapie am Fuß (0714) Von
G. Leibold, 96 S., 38 Zeichnungen, kart.
DM 9,80/S 79.–
Rheuma und Gicht
Krankheitsbilder, Behandlung, Therapie-
verfahren, Selbstbehandlung, richtige
Lebensführung und Ernährung. (0712)
Von Dr. J. Höder, J. Bandick, 104 S., kart.
DM 9,80/S 79.–
Krampfadern
Ursachen, Vorbeugung, Selbstbehand-
lung, Therapieverfahren. (0727) Von
Dr. med. K. Steffens, 96 S., 38 Abb.,
kart. **DM 9,80**/S 79.–
Gallenleiden
Krankheitsbilder, Behandlung, Therapie-
verfahren, Selbstbehandlung, Richtige
Lebensführung und Ernährung. (0673)
Von Dr. med. K. Steffens, 104 S.,
34 Zeichnungen, kart. **DM 9,80**/S 79,–
Asthma
Pseudokrupp, Bronchitis und Lungen-
emphysem. (0778) Von Prof. Dr. med.
W. Schmidt, 120 S., 56 Zeichnungen,
kart. **DM 9,80**/S 79,–
Vitamine und Ballaststoffe
So ermittle ich meinen täglichen Bedarf
(0746) Von Prof. Dr. M. Wagner,
I. Bongartz, 96 S., 6 Farbabb., zahlreiche
Tabellen, kart. **DM 9,80**/S 79,–
Darmleiden
Krankheitsbilder, Behandlung, Selbst-
behandlung, Richtige Lebensführung und
Ernährung. (0798) Von Dr. med. K. Stef-
fens, 112 S., 46 Zeichnungen, kart.
DM 9,80/S 79,–

Die Preise entsprechen dem Status beim Druck dieses

Massage
(0750) Von B. Rumpler, K. Schutt, 112 S., 116 2-farbige Zeichnungen, kart. **DM 12,80**/S 99,–

Ratgeber Aids
Entstehung, Ansteckung, Krankheitsbilder, Heilungschancen, Schutzmaßnahmen. (0803) Von B. Baartman, Vorwort von Dr. med. H. Jäger, 112 S., 8 Farbtafeln, 4 Grafiken, kart. **DM 16,80**/S 139,–

Wenn Kinder krank werden
Medizinischer Ratgeber für Eltern. (4240) Von Dr. med. I. J. Chasnoff, B. Nees-Delaval, 232 S., 163 Zeichnungen, Pappband. **DM 29,80**/S 239,–

Ratgeber Lebenshilfe

Umgangsformen heute
Die Empfehlungen des Fachausschusses für Umgangsformen. (4015) 282 S., 160 s/w-Fotos, 25 Zeichnungen, Pappband. **DM 29,80**/S 239,–

Der gute Ton
Ein moderner Knigge. (0063) Von I. Wolter, 168 S., 38 Zeichnungen, 53 s/w-Fotos, kart. **DM 9,80**/S 79,–

Haushaltstips von A bis Z
(0759) Von A. Eder, 80 S., 30 Zeichnungen, kart. **DM 7,80**/S 69,–

Wir heiraten
Ratgeber zur Vorbereitung und Festgestaltung der Verlobung und Hochzeit. (4188) Von C. Poensgen, 216 S., 8 s/w-Fotos, 30 s/w-Zeichnungen, 8 Farbtafeln, Pappband. **DM 19,80**/S 159,–

Kleines Dankeschön für die charmante Gastgeberin
(2218) Von S. Gräfin Schönfeldt, 80 S., 46 Farbabb., Pappband. **DM 9,80**/S 85,–

Familienforschung · Ahnentafel · Wappenkunde
Wege zur eigenen Familienchronik. (0744) Von P. Bahn, 128 S., 8 Farbtafeln, 30 Abbildungen, kart. **DM 14,80**/S 119,–

Die Kunst der freien Rede
Ein Intensivkurs mit vielen Übungen, Beispielen und Lösungen. (4189) Von G. Hirsch, 232 S., 11 Zeichnungen, Pappband. **DM 29,80**/S 239,–

Reden zur Taufe, Kommunion und Konfirmation
(0751) Von G. Georg, 96 S., kart. **DM 6,80**/S 59,–

Der richtige Brief zu jedem Anlaß
Das moderne Handbuch mit 400 Musterbriefen. (4179) Von H. Kirst, 376 S., Pappband. **DM 26,80**/S 218,–

Von der Verlobung zur Goldenen Hochzeit
(0393) Von E. Ruge, 120 S., kart. **DM 6,80**/S 59,–

Reden zur Hochzeit
Musteransprachen für Hochzeitstage. (0654) Von G. Georg, 112 S., kart. **DM 6,80**/S 59,–

Glückwünsche, Toasts und Festreden zur Hochzeit.
(0264) Von I. Wolter, 128 S., 18 Zeichnungen, kart. **DM 7,80**/S 69,–

Hochzeits- und Bierzeitungen
Muster, Tips und Anregungen. (0288) Von H.-J. Winkler, mit vielen Text- und Gestaltungsanregungen, 116 S., 15 Abb., 1 Musterzeitung, kart. **DM 6,80**/ S 59,–

Kindergedichte zur Grünen, Silbernen und Goldenen Hochzeit
(0318) Von H.-J. Winkler, 104 S., 20 Abb., kart. **DM 5,80**/S 49,–

Die Silberhochzeit
Vorbereitung · Einladung · Geschenkvorschläge · Dekoration · Festablauf · Menüs · Reden · Glückwünsche. (0542) Von K. F. Merkle, 120 S., 41 Zeichnungen, kart. **DM 9,80**/S 79,–

Großes Buch der Glückwünsche
(0255) Hrsg. von O. Fuhrmann, 240 S., 77 Zeichnungen und viele Gestaltungsvorschläge, kart. **DM 9,80**/S 79,–

Neue Glückwunschfibel
für Groß und Klein. (0156) Von R. Christian-Hildebrandt, 96 S., kart. **DM 4,80**/S 39,–

Glückwunschverse für Kinder
(0277) Von B. Ulrici, 80 S., kart. **DM 5,80**/S 49,–

Die Redekunst
Rhetorik · Rednererfolg (0076) Von K. Wolter, überarbeitet von Dr. W. Tappe, 80 S., kart. **DM 5,80**/S 49,–

Reden und Ansprachen
für jeden Anlaß. (4009) Hrsg. von F. Sicker, 454 S., gebunden. **DM 39,–**/S 319,–

Reden zum Jubiläum
Musteransprachen für viele Gelegenheiten (0595) Von G. Georg, 112 S., kart. **DM 6,80**/S 59,–

Reden zum Ruhestand
Musteransprachen zum Abschluß des Berufslebens (0790) Von G. Georg, 104 S., kart. **DM 7,80**/S 69,–

Reden und Sprüche zu Grundsteinlegung, Richtfest und Einzug
(0598) Von A. Bruder, G. Georg, 96 S., kart. **DM 6,80**/S 59,–

Reden zu Familienfesten
Musteransprachen für viele Gelegenheiten. (0675) Von G. Georg, 108 S., kart. **DM 6,80**/S 59,–

Reden zum Geburtstag
Musteransprachen für familiäre und offizielle Anlässe. (0773) Von G. Georg, 104 S., kart. **DM 7,80**/S 69,–

Festreden und Vereinsreden
Ansprachen für festliche Gelegenheiten. (0069) Von K. Lehnhoff, E. Ruge, 88 S., kart. **DM 5,80**/S 49,–

Reden im Verein
Musteransprachen für viele Gelegenheiten. (0703) Von G. Georg, 112 S., kart. **DM 6,80**/S 59,–

Trinksprüche
Fest- und Damenreden in Reimen. (0791) Von L. Metzner, 88 S., 14 s/w-Zeichnungen, kart. **DM 7,80**/S 69,–

Trinksprüche, Richtsprüche, Gästebuchverse
(0224) Von D. Kellermann, 80 S., kart. **DM 5,80**/S 49,–

Ins Gästebuch geschrieben
(0576) Von K. H. Thabeck, 96 S., 24 Zeichnungen, kart. **DM 7,80**/S 69,–

Poesiealbumverse
Heiteres und Besinnliches. (0578) Von A. Göttling, 112 S., 20 Zeichnungen, Pappband. **DM 14,80**/S 119,–

Verse fürs Poesiealbum
(0241) Von I. Wolter, 96 S., 20 Abb., kart. **DM 5,80**/S 49,–

Rosen, Tulpen, Nelken . . .
Beliebte Verse fürs Poesiealbum
(0431) Von W. Pröve, 96 S., 11 Faksimile-Abb., kart. **DM 5,80**/S 49,–

Der Verseschmied
Kleiner Leitfaden für Hobbydichter. Mit Reimlexikon. (0597) Von T. Parisius, 96 S., 28 Zeichnungen, kart. **DM 7,80**/S 69,–

Was wäre das Leben ohne Hoffnung
Trostreiche Worte
(2224) Hrsg. E. Heinold, 80 S., 23 Farbfotos, Pappband. **DM 9,80**/S 85,–

Moderne Korrespondenz
Handbuch für erfolgreiche Briefe. (4014) Von H. Kirst und W. Manekeller, 544 S., gebunden. **DM 39,–**/S 319,–

Der neue Briefsteller
Musterbriefe für alle Gelegenheiten. (0060) Von I. Wolter-Rosendorf, 112 S., kart. **DM 5,80**/S 49,–

Geschäftliche Briefe
des Privatmanns, Handwerkers, Kaufmanns. (0041) Von A. Römer, 120 S., kart. **DM 6,80**/S 59,–

Behördenkorrespondenz
Musterbriefe – Anträge – Einsprüche. (0412) Von E. Ruge, 120 S., kart. **DM 7,80**/S 69,–

Musterbriefe
für alle Gelegenheiten. (0231) Hrsg. von O. Fuhrmann, 240 S., kart. **DM 9,80**/S 79,–

Privatbriefe
Muster für alle Gelegenheiten. (0114) Von I. Wolter-Rosendorf, 132 S., kart. **DM 6,80**/S 59,–

Briefe zu Geburt und Taufe
Glückwünsche und Danksagungen. (0802) Von H. Beitz, 96 S., 12 Zeichnungen, kart. **DM 9,80**/S 79,–

Erfolgstips für den Schriftverkehr
Briefwechsel leicht gemacht durch einfachen Stil und klaren Ausdruck (0678) Von J. Werbellin, 120 S., kart. **DM 8,80**/S 74,–

Worte und Briefe der Anteilnahme
(0464) Von E. Ruge, 128 S., mit vielen Abb., kart. **DM 9,80**/S 79,–

Reden in Trauerfällen
Musteransprachen für Beerdigungen und Trauerfeiern (0736) Von G. Georg, 104 S., kart. **DM 6,80**/S 59,–

Lebenslauf und Bewerbung
Beispiele für Inhalt, Form und Aufbau. (0428) Von H. Friedrich, 112 S., kart. **DM 6,80**/S 59,–

Erfolgreiche Bewerbungsbriefe und Bewerbungsformen.
(0138) Von W. Manekeller, 88 S., kart. **DM 5,80**/S 49,–

Die erfolgreiche Bewerbung
Bewerbung und Vorstellung. (0173) Von W. Manekeller, 156 S., kart. **DM 9,80**/S 79,–

Die Bewerbung
Der moderne Ratgeber für Bewerbungsbriefe, Lebenslauf und Vorstellungsgespräche. (4138) Von W. Manekeller, 264 S., Pappband. **DM 19,80**/S 159,–

Vorstellungsgespräche
sicher und erfolgreich führen. (0636) Von H. Friedrich, 144 S., kart. **DM 9,80**/S 79,–

Keine Angst vor Einstellungstests
Ein Ratgeber für Bewerber. (0793) Von
Ch. Titze, 120 S., 67 Zeichnungen, kart.
DM 9,80/S 79.–

Zeugnisse im Beruf
richtig schreiben, richtig verstehen.
(0544) Von H. Friedrich, 112 S., kart.
DM 9,80/S 79.–

In Anerkennung Ihrer . . . ,
**Lob und Würdigung in Briefen
und Reden.**
(0535) Von H. Friedrich, 136 S., kart.
DM 9,80/S 79.–

Erfolgreiche Kaufmannspraxis
Wirtschaftliche Grundlagen, Geld, Kredit-
wesen, Steuern, Betriebsführung, Recht,
EDV. (4046) Von W. Göhler, H. Gölz,
M. Heibel, Dr. D. Machenheimer, 544 S.,
gebunden. **DM 39,–**/S 319.–

Der Rechtsberater im Haus
(4048) Von K.-H. Hofmeister, 528 S., gebunden. **DM 39,–**/S 319.–

Arbeitsrecht
Praktischer Ratgeber für Arbeitnehmer
und Arbeitgeber, (0594) Von J. Beuthner,
192 S., kart. **DM 16,80**/S 139.–

Mietrecht
Leitfaden für Mieter und Vermieter.
(0479) Von J. Beuthner, 196 S., kart.
DM 14,80/S 119.–

Familienrecht
Ehe – Scheidung – Unterhalt. (4190) Von
T. Drewes, R. Hollender, 368 S., Papp-
band. **DM 29,80**/S 239,–

**Erziehungsgeld, Mutterschutz,
Erziehungsurlaub**
Alles über das neue Recht für Eltern. Mit
den Gesetzestexten. (0835) Von J. Grö-
nert, 144 S., kart. **DM 12,80**/S 99.–

Scheidung und Unterhalt
nach dem neuen Eherecht. (0403) Von
Rechtsanwalt H. T. Drewes, 112 S., mit
Kosten- und Unterhaltstabellen, kart.
DM 7,80/S 79.–

Testament und Erbschaft
Erbfolge, Rechte und Pflichten der Erben,
Erbschafts- und Schenkungssteuer.
Mustertestamente. (4139) Von T. Drewes,
R. Hollender, 304 S., Pappband.
DM 26,80/S 218.–

Erbrecht und Testament
Mit Erläuterungen des Erbschaftssteuer-
gesetzes von 1974. (0046) Von Dr. jur.
H. Wandrey, 124 S., kart. **DM 6,80**/S 59.–

Endlich 18 und nun?
Rechte und Pflichten mit der Volljährig-
keit. (0646) Von R. Rathgeber, 224 S.,
27 Zeichnungen, kart. **DM 14,80**/S 119.–

Was heißt hier minderjährig?
(0765) Von R. Rathgeber, C. Rummel,
148 S., 50 Fotos, 25 Zeichnungen, kart.
DM 14,80/S 119,–

**Erfolgreiche Bewerbung um einen
Ausbildungsplatz**
(0715) Von H. Friedrich, 136 S., kart.
DM 9,80/S 79,–

Elternsache Grundschule
(0692) Hrsg. von K. Meynersen, 324 S.,
kart. **DM 26,80**/S 218,–

Sexualberatung
(0402) Von Dr. M. Röhl, 168 S., 8 Farbtafeln, 17 Zeichnungen, Pappband.
DM 19,80/S 159.–

Die Kunst des Stillens
nach neuesten Erkenntnissen
(0701) Von Prof. Dr. med. E. Schmidt/
S. Brunn, 112 S., 20 Fotos und Zeichnungen, kart. **DM 9,80**/S 79,–

Wenn Sie ein Kind bekommen
(4003) Von U. Klamroth, Dr. med.
H. Oster, 240 S., 86 s/w-Fotos, 30 Zeichnungen, Pappband. **DM 24,80**/S 198.–

Vorbereitung auf die Geburt
Schwangerschaftsgymnastik, Atmung,
Rückbildungsgymnastik. (0251) Von
S. Buchholz, 112 S., 98 s/w-Fotos, kart.
DM 6,80/S 59.–

Wie soll es heißen?
(0211) Von D. Köhr, 136 S., kart.
DM 5,80/S 49.–

Das Babybuch
Pflege · Ernährung · Entwicklung. (0531)
Von A. Burkert, 128 S., 16 Farbtafeln,
38 s/w-Fotos, 30 Zeichnungen, kart.
DM 12,80/S 99.–

Wenn der Mensch zum Vater wird
Ein heiter-besinnlicher Ratgeber.
(4259) Von D. Zimmer, 160 S., 20 Zeichnungen, Pappband. **DM 19,80**/S 159.–

Mitmachen – die Umwelt retten!
Das Öko-Testbuch
Analysen und Experimente zur Eigen-
initiative. (4160) Von M. Häfner,
400 Farbfotos, 137 farbige Zeichnungen,
Pappband. **DM 39,–**/S 319,–

Die neue Lebenshilfe **Biorhythmik**
Höhen und Tiefen der persönlichen
Lebenskurven vorausberechnen und
danach handeln. (0458) Von W. A. Appel,
157 S., 63 Zeichnungen, Pappband.
DM 12,80/S 99.–

Vom Urkrümel zum Atompilz
Evolution – Ursache und Ausweg aus der
Krise. (4181) Von Jürgen Voigt, 188 S.,
20 Farb- und 70 s/w-Fotos, 32 Zeichnungen, kart. **DM 19,80**/S 159,–

Dinosaurier
und andere Tiere der Urzeit. (4219) Von
G. Alschner, 96 S., 81 Farbzeichnungen,
4 Fotos, Pappband. **DM 24,80**/S 198.–

Der Sklave Calvisius
Alltag in einer römischen Provinz 150 n.
Chr. (4058) Von A. Ammermann,
T. Röhrig, G. Schmidt, 120 S.,
99 Farbabb., 47 s/w-Abb., Pappband.
DM 19,80/S 159.–

ZDF · ORF · DRS
Kompaß Jugend-Lexikon
(4096) Von R. Kerler, J. Blum, 336 S.,
766 Farbfotos, 39 s/w-Abb., Pappband.
DM 39,–/S 319.–

Astrologie
Das Orakel der Sterne. (2211) Von
B. A. Mertz, 80 S., 42 Farb- und 15 s/w-
Fotos, Pappband. **DM 9,80**/S 85,–

Psycho-Tests
– Erkennen Sie sich selbst. (0710) Von
B. M. Nash, R. B. Monchick, 304 S.,
81 Zeichnungen, kart. **DM 16,80**/S 139,–

Falken-Handbuch **Astrologie**
Charakterkunde · Schicksal · Liebe und
Beruf · Berechnung und Deutung von
Horoskopen · Aszendententabelle. (4068)
Von B. A. Mertz, 342 S., mit 60 er-
läuternden Grafiken, gebunden.
DM 29,80/S 239.–

Selbst Wahrsagen mit Karten
Die Zukunft in Liebe, Beruf und Finanzen.
(0404) Von R. Koch, 112 S., 252 Abb.,
Pappband. **DM 12,80**/S 99.–

Weissagen, Hellsehen, Kartenlegen . . .
Wie jeder die geheimen Kräfte ergründen
und für sich nutzen kann. (4153) Von
G. Haddenbach, 192 S., 40 Zeichnungen,
Pappband. **DM 19,80**/S 159.–

Frauenträume, Männerträume
und ihre Bedeutung. (4198) Von
G. Senger, 272 S., mit Traumlexikon,
Pappband. **DM 29,80**/S 239,–

Wahrsagen mit Tarot-Karten
(0482) Von E. J. Nigg, 112 S., 4 Farbtafeln, 52 s/w-Abb., Pappband.
DM 14,80/S 119.–

Aztekenhoroskop
Deutung von Liebe und Schicksal nach
dem Aztekenkalender. (0543) Von
C.-M. und R. Kerler, 160 S., 20 Zeichnungen, Pappband. **DM 9,80**/S 79.–

Was sagt uns das Horoskop?
Praktische Einführung in die Astrologie.
(0655) Von B. A. Mertz, 176 S., 25 Zeichnungen, kart. **DM 9,80**/S 79.–

Das Super-Horoskop
Der neue Weg zur Deutung von Charakter,
Liebe und Schicksal nach chinesischer
und abendländischer Astrologie. (0465)
Von G. Haddenbach, 175 S., kart.
DM 9,80/S 79.–

**Liebeshoroskop für die
12 Sternzeichen**
Alles über Chancen, Beziehungen, Erotik,
Zärtlichkeit, Leidenschaft. (0587) Von
G. Haddenbach, 144 S., 11 Zeichnungen,
kart. **DM 7,80**/S 69.–

Die 12 Sternzeichen
Charakter, Liebe und Schicksal. (0385)
Von G. Haddenbach, 160 S., Pappband.
DM 12,80/S 99.–

**Die 12 Tierzeichen im chinesischen
Horoskop**
(0423) Von G. Haddenbach, 128 S.,
Pappband. **DM 9,80**/S 79.–

Sternstunden
für Liebe, Glück und Geld, Berufserfolg
und Gesundheit. Das ganz persönliche
Mitbringsel für Widder (0621), Stier
(0622), Zwillinge (0623), Krebs (0624),
Löwe (0625), Jungfrau (0626), Waage
(0627), Skorpion (0628), Schütze
(0629), Steinbock (0630), Wassermann
(0631), Fische (0632) Von L. Cancer,
62 S., durchgehend farbig, Zeichnungen,
Pappband. **DM 5,–**/S 39.–

So deutet man Träume
Die Bildersprache des Unbewußten.
(0444) Von G. Haddenbach, 160 S.,
Pappband. **DM 9,80**/S 79,–

Die Familie im Horoskop
Glück und Harmonie gemeinsam erleben
– Probleme und Gegensätze verstehen
und tolerieren. (4161) Von B. A. Mertz,
296 S., 40 Zeichnungen, kart.
DM 19,80/S 159,–

Erkennen Sie Psyche und Charakter
durch **Handdeutung**
(4176) Von B. A. Mertz, 252 S., 9 s/w-
Fotos, 160 Zeichnungen, Pappband.
DM 36,–/S 298.–

Falken-Handbuch
Kartenlegen
Wahrsagen mit Tarot-, Skat-, Lenormand-
und Zigeunerblättern. (4226) Von
B. A. Mertz, 288 S., 38 Farb- und
108 s/w-Abb. Pappband.
DM 39,–/S 319,–

I Ging der Liebe
Das altchinesische Orakel für Partner-
schaft und Ehe. (4244) Von G. Damian-
Knight, 320 S., 64 s/w-Zeichnungen,
Pappband. **DM 29,80**/S 239,–

Wenn die Schwalben niedrig fliegen
Bauernregeln
(2208) Von G. Haddenbach, 80 S.,
52 Farbfotos, Pappband.
DM 9,80/S 85,–

Die Preise entsprechen dem Status beim Druck dieses

Bauernregeln, Bauernweisheiten, Bauernsprüche
(4243) Von G. Haddenbach, 192 S., 62 Farbabb. 9 s/w-Fotos, 144 s/w-Zeichnungen, Pappband. **DM 29,80**/S 239,–

Computer

Computer Grundwissen
Eine Einführung in Funktion und Einsatzmöglichkeiten. (4302) Von W. Bauer, 176 Seiten, 193 Farb- und 12 s/w-Fotos, 37 Computergrafiken, kart., **DM 29,80**/S 239,–
(4301) Pappband, **DM 39,–**/S 312.–
Einführung in die Programmiersprache BASIC. (4303) Von S. Curran und R. Curnow, 192 S., 92 Zeichnungen, kart. **DM 19,80**/S 159.–
Lernen mit dem Computer. (4304) Von S. Curran und R. Curnow, 144 S., 34 Zeichnungen, Spiralbindung. **DM 19,80**/S 159.–
Computerspiele, Grafik und Musik (4305) Von S. Curran und R. Curnow, 147 S., 46 Zeichnungen, Spiralbindung. **DM 19,80**/S 159.–
dBase III
Einführung für Einsteiger und Nachschlagewerk für Profis. (4310) Von J. Brehm, G. A. Karl, 211 S., 23 Abb., kart. **DM 58,–**/S 460,–
Das Medienpaket
Buch und Programmdiskette „dBase III" zusammen (4312) **DM 98,–**/S 784,–
Grundwissen Informationsverarbeitung
(4314) Von H. Schiro, 312 S., 59 s/w-Fotos, 133 s/w-Zeichnungen, Pappband. **DM 58,–**/S 460,–
Heimcomputer-Bastelkiste
Messen, Steuern, Regeln mit C 64-, Apple II-, MSX-, TANDY-, MC-, Atari- und Sinclair-Computern. (4309) Von G. A. Karl, 256 S., 160 Zeichnungen, kart. **DM 39,–**/S 319,–
Drucker und Plotter
Text und Grafik für Ihren Computer. (4315) Von H. K. Koch, 192 S., 12 Farbtafeln, 5 s/w-Fotos, kart. **DM 39,–**/S 319,–
Textverarbeitung mit Home- und Personal-Computern
Systeme – Vergleiche – Anwendungen. (4316) Von A. Görgens, 128 S., 49 s/w-Fotos, kart. **DM 29,80**/S 239,–

Software

Maschinenschreiben
In 10 Tagen spielend gelernt. Von Bernhard Hoppius. (7008) Diskette für den C 64 und C 128 PC. **DM 49,80** (unverb. Preisempf.), (7009) für IBM + kompatible, **DM 79,–** (unverb. Preisempf.), (7010) für Schneider CPC 464, 664, 6128, **DM 69,–** (unverb. Preisempf.).
The Grammar Master
Englische Grammatik üben und beherrschen.
(7002) C 64-Diskettenversion, **DM 49,80**

Lernhilfen

Deutsch für Ausländer im Selbstunterricht
Ausgabe für 'Jugoslawen
(0261) Von I. Hladek und E. Richter, 132 S., 62 Zeichnungen, kart. **DM 9,80**/S 79.–
Deutsch – Ihre neue Sprache.
Grundbuch (0327) Von H.-J. Demetz und J. M. Puente, 204 S., mit über 200 Abb., kart. **DM 14,80**/S 119.–
Glossar Italienisch
(0329) Von H.-J. Demetz und J. M. Puente, 74 S., kart. **DM 9,80**/S 79.–
In gleicher Ausstattung:
Glossar Spanisch (0330) **DM 9,80**/S 79.–
Glossar Serbokroatisch (0331) **DM 9,80**/S 79.–
Glossar Türkisch (0332) **DM 9,80**/S 79.–
Glossar Arabisch (0335) **DM 9,80**/S 79.–
Glossar Französisch (0337) **DM 9,80**/S 79.–
Das Deutschbuch
Ein Sprachprogramm für Ausländer, Erwachsene und Jugendliche.
Autorenteam: J. M. Puente, H.-J. Demetz, S. Sargut, M. Spohner.
Grundbuch Jugendliche
(4915) Von Puente, Demetz, Sargut, Spohner, Hirschberger, Kersten, von Stolzenwaldt, 256 S., durchgehend zweifarbig, kart. **DM 19,80**/S 159.–
Grundbuch Erwachsene
(4901) Von Puente, Demetz, Sargut, Spohner, 292 S., durchgehend zweifarbig, kart. **DM 24,80**/S 198.–
Arbeitsheft
zu Grundbuch Erwachsene und Jugendliche. (4903) Von Puente, Demetz, Sargut, Spohner, 160 S., durchgehend zweifarbig, kart. **DM 16,80**/S 139.–
Aufbaukurs
(4902) Von Puente, Sargut, Spohner, 232 S., durchgehend zweifarbig, kart. **DM 22,80**/S 182.–
Lehrerhandbuch Grundbuch Erwachsene
(4904) 144 S., kart. **DM 14,80**/S 119.–
Lehrerhandbuch Grundbuch Jugendliche
(4929) 120 S., kart. **DM 14,80**/S 119.–
Lehrerhandbuch Aufbaukurs
(4930) 64 S., kart. **DM 9,80**/S 79.–
Glossare Erwachsene:
Türkisch
(4906) 100 S., kart. **DM 9,80**/S 79.–
Englisch
(4912) 100 S., kart. **DM 9,80**/S 79.–
Französisch
(4911) 104 S., kart. **DM 9,80**/S 79.–
Spanisch
(4909) 98 S., kart. **DM 9,80**/S 79.–
Italienisch
(4908) 100 S., kart. **DM 9,80**/S 79.–
Serbokroatisch
(4914) 100 S., kart. **DM 9,80**/S 79.–
Griechisch
(4907) 102 S., kart. **DM 9,80**/S 79.–
Portugiesisch
(4910) 100 S., kart. **DM 9,80**/S 79.–

Polnisch
(4913) 102 S., kart. **DM 9,80**/S 79.–
Arabisch
(4905) 100 S., kart. **DM 9,80**/S 79.–
Glossare Jugendliche:
Türkisch
(4927) 104 S., kart. **DM 9,80**/S 79.–
Italienisch
(4932) Von A. Baumgartner, 104 S., kart. **DM 9,80**/S 79.–
Spanisch
(4933) Von M. Weidemann, 104 S., kart. **DM 9,80**/S 79.–
Serbokroatisch
(4934) Von M. Vuckovic, 104 S., kart. **DM 9,80**/S 79.–
Griechisch
(4936) Von Dr. G. Tzounakis, 112 S., kart. **DM 9,80**/S 79.–
Tonband Grundbuch Erwachsene
(4916) Ø 18 cm. **DM 125,–**/S 1.000.–
Tonband Grundbuch Jugendliche
(4917) Ø 18 cm. **DM 125,–**/S 1.000.–
Tonband Aufbaukurs
(4918) Ø 18 cm. **DM 125,–**/S 1.000.–
Tonband Arbeitsheft
(4919) Ø 18 cm. **DM 89,–**/S 712.–
Kassetten Grundbuch Erwachsene
(4920) 2 Stück à 90 Min. Laufzeit. **DM 39,–**/S 319.–
Kassetten Grundbuch Jugendliche
(4921) 2 Stück à 90 Min. Laufzeit. **DM 39,–**/S 319.–
Kassetten Aufbaukurs
(4922) 2 Stück à 90 Min. Laufzeit. **DM 39,–**/S 319.–
Kassette Arbeitsheft Grundbuch
(4923) 60 Min. Laufzeit. **DM 19,80**/S 159.–
Overheadfolien Grundbuch Erwachsene
(4924) 60 Stück **DM 159,–**/S 1.270.–
Overheadfolien Grundbuch Jugendliche
(4925) 59 Stück. **DM 159,–**/S 1.270.–
Overheadfolien Aufbaukurs
(4931) 54 Stück. **DM 159,–**/S 1.270.–
Diapositive Grundbuch Erwachsene
(4926) 300 Stück. **DM 398,–**/S 3.184.–
Bildkarten
zum Grundbuch Jugendliche und Erwachsene. (4928) 200 Stück. **DM 159,–**/S 1.270.–
Arbeitshefte für ausländische Jugendliche in der Berufsvorbereitung
Fachsprache im projektorientierten/ fachübergreifenden Unterricht Metall 1
(4937) Von S. Sargut, M. Spohner, 96 S., 30 Farbfotos, 100 Zeichnungen, kart. **DM 14,80**/S 119.–